LA SALLE D'ARMES.

PASCAL BRUNO,

PAR

ALEXANDRE DUMAS.

2

PARIS.
DUMONT, LIBRAIRE-ÉDITEUR,
PALAIS-ROYAL, 88, AU SALON LITTÉRAIRE.

1838

LA SALLE D'ARMES.

PASCAL BRUNO.

PARIS. — IMPRIMERIE DE V° DONDEY-DUPRÉ,
Rue Saint-Louis, n° 46, au Marais.

LA SALLE D'ARMES.

PASCAL BRUNO,

PAR

ALEXANDRE DUMAS.

PARIS.

DUMONT, LIBRAIRE-ÉDITEUR,

PALAIS-ROYAL, 88, AU SALON LITTÉRAIRE.

1838

LA SALLE D'ARMES.

Vers cette même époque, c'est-à-dire dans le courant de l'année 1834, lord S. amena un soir le général italien W. T. chez Grisier.

Sa présentation fit événement. Le général T. était non seulement un homme distingué comme instruction et comme courage; mais encore la part qu'il avait prise à deux événemens politiques importans en faisait un personnage historique. Ces deux événemens étaient le procès de Murat en 1815 et la révolution de Naples en 1820.

Nommé membre de la commission militaire qui devait juger l'ex-roi Joachim, le général T., alors simple capitaine, avait été envoyé au Pizzo, et, seul parmi tous ses collègues, il avait osé voter contre la peine de mort. Cette conduite avait été considérée comme une trahison, et le capitaine T., menacé à son tour d'un procès, en fut quitte, à grand'peine, pour la perte de son grade et un exil de deux ans à Lipari.

Il était de retour à Naples depuis trois ans lorsque la révolution de 1820 éclata. Il s'y jeta avec toute l'ardeur de son courage et toute la conscience de ses opinions. Le vicaire général du royaume, le prince François, qui succéda depuis à son père Ferdinand, avait lui-même paru céder franchement au mouvement révolutionnaire; et un des motifs de la confiance que lui accordèrent alors grand nombre de patriotes fut le choix qu'il fit du capitaine T. pour commander une division de l'armée qui marcha contre les Autrichiens.

On sait comment finit cette campagne. Le général T., abandonné par ses soldats, rentra l'un des derniers à Naples; il y fut suivi de près par les Autrichiens. Le prince François, fort de leur présence, jugea qu'il était inutile de dissimuler plus long-temps, et il exila, comme rebelles et coupables de haute trahison, ceux dont il avait signé les brevets trois semaines auparavant

Cependant la proscription n'avait pas été si prompte, que le général n'eût eu le temps, un soir qu'il prenait une glace au café de Tolède, de recevoir une impertinence et de rendre un soufflet. Le souffleté était un colonel autrichien, qui exigea une satisfaction que le général ne demandait pas mieux que de lui accorder. Le colonel fit toutes les conditions, le général n'en discuta aucune; il en résulta que les préliminaires de l'affaire furent promptement réglés; la rencontre fut fixée au lendemain. Elle devait avoir lieu à cheval et au sabre.

Le lendemain, à l'heure dite, les adversaires se trouvèrent au rendez-vous; mais, soit que les témoins se fussent mal expliqués, soit que le général eût oublié l'une des deux conditions du combat, il arriva en fiacre.

Les témoins proposèrent au colonel de se battre à pied; mais il n'y voulut pas consentir. Le général dételaalors un des chevaux du fiacre, monta dessus sans selle et sans bride, et à la troisième passe tua le colonel.

Ce duel fit grand honneur au courage et au sang-froid du général T.; mais il ne raccommoda point ses affaires. Huit jours après il reçut l'ordre de quitter Naples : il n'y est pas rentré depuis.

On devine quelle bonne fortune ce fut pour nous qu'une pareille recrue; cependant nous y mimes de la discrétion. Sa première visite se passa en conversation générale; à la seconde nous hasardâmes quelques questions; à la troisième, son fleuret, grâce à notre importunité, ne lui servit plus qu'à nous tracer des plans de bataille sur le mur ou sur le plancher.

Parmi tous ces récits il en était un que je désirais plus particulièrement connaître dans tous ses détails; c'était celui des circonstances qui avaient précédé les derniers instans et accompagné la mort de Murat. Ces détails étaient toujours restés pour nous, sous la restauration, couverts d'un voile que les susceptibilités royales, plus encore que la distance des lieux, rendaient difficile à soulever; puis la révolution de juillet était venue, et tant d'événemens nouveaux avaient surgi qu'ils avaient presque fait oublier les anciens. L'ère des souvenirs impériaux était passée depuis que ces souvenirs avaient cessé d'être de l'opposition. Il en résultait que si je perdais cette occasion d'interroger la tradition vivante, je courais grand risque d'être obligé de m'en rapporter à l'histoire officielle, et je savais trop comment celle-ci se fait, pour y avoir recours en pareille occasion. Je laissai donc chacun satisfaire sa curiosité aux dépens de la patience du général T., me promettant de retenir pour moi tout ce qui lui en resterait de disponible après la séance.

En effet je guettai sa sortie, et comme nous avions même route à faire, je le reconduisis par le boulevart, et là, seul à seul, j'osai risquer des questions plus intimes sur le fait qui m'intéressait. Le général vit mon désir, et comprit dans quel but je me hasardais à le lui manifester. Alors, avec cette obligeance parfaite que lui savent tous ceux qui l'ont connu :

— Écoutez, me dit-il, de pareils détails ne peuvent se communiquer de vive voix et en un instant; d'ailleurs, ma mémoire me servît-elle au point que je n'en oubliasse aucun, la vôtre pourrait bien être moins fidèle; et, si je ne m'abuse, vous ne voulez rien oublier de ce que je vous dirai.

Je lui fis signe en riant que non.

— Eh bien ! continua-t-il, je vous enverrai demain un manuscrit ; vous le déchiffrerez comme vous pourrez, vous le traduirez, si bon vous semble, vous le publierez, s'il en mérite la peine ; la seule condition que je vous demande, c'est que vous n'y mettiez pas mon nom en toutes lettres, attendu que je serais sûr de ne jamais rentrer à Naples. Quant à l'authenticité, je vous la garantis, car le récit qu'il contient a été rédigé ou sur mes propres souvenirs ou sur des pièces officielles.

C'était plus que je ne pouvais demander ; aussi remerciai-je le général, et lui donnai-je une preuve de l'empressement que j'aurais à le lire en lui faisant promettre formellement de me l'envoyer le lendemain.

Le général promit et me tint parole.

C'est donc le manuscrit d'un témoin oculaire, traduit dans toute son énergique fidélité, que nous mettons sous les yeux de nos lecteurs.

MURAT.

CHAPITRE PREMIER.

TOULON.

I

TOULON.

Le 18 juin 1815, à l'heure même où les destinées de l'Europe se décidaient à Waterloo, un homme habillé en mendiant suivait silencieusement la route de Toulon à Marseille. Arrivé à l'entrée des gorges d'Ollioulles, il s'arrêta sur une petite éminence qui lui permettait de découvrir tout le paysage qui l'entourait : alors, soit qu'il fût parvenu au terme de son voyage, soit qu'avant de s'engager dans cet âpre et sombre défilé, qu'on appelle les Thermopyles de la Provence, il voulût jouir encore quelque temps de la vue magnifique qui se déroulait à l'horizon méridional, il alla s'asseoir sur le talus du fossé qui bordait la grande route, tournant le dos aux montagnes qui s'élèvent en amphithéâtre au nord de la ville, et ayant par conséquent à ses pieds une riche plaine, dont la végétation asiatique rassemble, comme dans une serre, des arbres et des plantes inconnus au reste de la France. Au-delà de cette plaine resplendissante des derniers rayons du soleil, s'étendait la mer, calme et unie comme une glace, et à la surface de leau glissait légèrement un seul brick de guerre, qui, profitant d'une fraîche brise de terre, lui ouvrait toutes ses voiles, et, poussé par elles, gagnait rapidement la mer d'Italie. Le mendiant le suivit avidement des yeux, jusqu'au moment où il disparut entre la pointe du cap de Gien, et la première des îles d'Hyères; puis, dès que la blanche apparition se fut effacée, il poussa un profond soupir, laissa retomber son front entre ses mains, et resta immobile et absorbé dans ses réflexions, jusqu'au moment où le bruit d'une cavalcade le fit tressaillir; il releva aussitôt la tête, secoua ses longs cheveux noirs, comme s'il voulait faire tomber de son front les amères pensées qui l'accablaient, et fixant les yeux vers l'entrée des gorges, du côté d'où venait le bruit, il en vit bientôt sortir deux cavaliers qu'il reconnut sans doute; car aussitôt, se relevant de toute sa hauteur, il laissa tomber le bâton qu'il tenait à la main, croisa les bras et se tourna vers eux. De leur côté, les nouveaux arrivans l'eurent à peine aperçu qu'ils s'arrêtèrent, et que celui qui marchait le premier descendit de cheval, jeta la bride au bras de son compagnon, et mettant le chapeau à la main, quoiqu'il fût à plus de cinquante pas de l'homme aux haillons, s'avança respectueusement vers lui; le mendiant le laissa approcher d'un air de dignité sombre et sans faire un seul mouvement, puis lorsqu'il ne fut plus qu'à une faible distance :

— Eh bien ! monsieur le maréchal, lui dit-il, avez-vous reçu des nouvelles ?

— Oui, sire, répondit tristement celui qu'il interrogeait.

— Et quelles sont-elles?...

— Telles que j'eusse préféré que tout autre que moi les annonçât à votre majesté...

— Ainsi l'empereur refuse mes services! il oublie les victoires d'Aboukir, d'Eylau, de la Moscowa?

— Non, sire; mais il se souvient du traité de Naples, de la prise de Reggio et de la déclaration de guerre au vice-roi d'Italie!

Le mendiant se frappa le front.

— Oui, oui, à ses yeux peut-être ai-je mérité ces reproches; mais il me semble cependant qu'il devait se rappeler qu'il y eut deux hommes en moi, le soldat dont il a fait son frère et son frère dont il a fait un roi... Oui, comme frère, j'eus des torts et de grands torts envers lui; mais comme roi, sur mon ame! je ne pouvais faire autrement... Il me fallait choisir entre mon sabre et ma couronne, entre un régiment et un peuple!... Tenez, Brune, vous ne savez pas comment la chose s'est passée! Il y avait une flotte anglaise dont le canon grondait dans le port; il y avait une population napolitaine qui hurlait dans les rues. Si j'avais été seul, j'aurais passé avec un bateau au milieu de la flotte, avec mon sabre au milieu de la foule; mais j'avais une femme, des enfans. Cependant j'ai hésité, l'idée que l'épithète de traître et de transfuge s'attacherait à mon nom m'a fait verser plus de larmes que ne m'en coûtera jamais la perte de mon trône, et peut-être la mort des êtres que j'aime le plus... Enfin il ne veut pas de moi, n'est-ce pas?... Il me refuse comme général, comme capitaine, comme soldat?... Que me reste-t-il donc à faire?...

— Sire, il faut que votre majesté sorte à l'instant de France *.

— Et si je n'obéissais pas?

— Mes ordres sont alors de vous arrêter et de vous livrer à un conseil de guerre!...

* Madame la duchesse d'Abrantès a, dans ses *Mémoires sur la Restauration*, magnifiquement raconté cette scène, dont, comme le général T., elle connaissait les détails par un témoin oculaire.

Note de l'Éditeur.

— Ce que tu ne ferais pas, n'est-ce pas, mon vieux camarade?

— Ce que je ferais, en priant Dieu de me frapper de mort au moment où j'étendrai la main sur vous!

— Je vous reconnais là, Brune; vous avez pu rester brave et loyal, vous! Il ne vous a pas donné un royaume, il ne vous a pas mis autour du front ce cercle de feu, qu'on appelle une couronne et qui rend fou; il ne vous a pas placé entre votre conscience et votre famille. Ainsi, il me faut quitter la France, recommencer la vie errante, dire adieu à Toulon, qui me rappelait tant de souvenirs. Tenez, Brune, continua Murat en s'appuyant sur le bras du maréchal, ne voilà-t-il pas des pins aussi beaux que ceux de la villa Pamphile, des palmiers pareils à ceux du Caire, des montagnes qu'on croirait une chaîne du Tyrol? Voyez à gauche ce cap de Gien, n'est-ce pas, moins le Vésuve, quelque chose comme Castellamare et Sorrente? Et tenez, Saint-Mandrier, qui ferme là-bas le golfe, ne ressemble-t-il pas à mon rocher de Caprée, que Lamarque a si bien escamoté à cet imbécile d'Hudson

Lowe ? Ah ! mon Dieu ! et il me faut quitter tout cela ! Il n'y a pas moyen de rester sur ce coin de terre française, dites, Brune ?...

— Sire, vous me faites bien mal ? répondit le maréchal.

— C'est vrai; ne parlons plus de cela. Quelles nouvelles ?...

— L'empereur est parti de Paris pour rejoindre l'armée; on doit se battre à cette heure...

—On doit se battre à cette heure, et je ne suis pas là ! Oh ! je sens que je lui aurais été cependant bien utile un jour de bataille ! Avec quel plaisir j'aurais chargé sur ces misérables Prussiens et sur ces infâmes Anglais ! Brune, donnez-moi un passeport, je partirai à franc étrier, j'arriverai où sera l'armée, je me ferai reconnaître à un colonel, je lui dirai : Donnez-moi votre régiment, je chargerai avec lui, et si le soir l'empereur ne me tend pas la main, je me brûlerai la cervelle, je vous en donne ma parole d'honneur !... Faites ce que je vous demande, Brune, et de quelque manière que cela finisse, je vous en aurai une reconnaissance éternelle !

— Je ne puis, sire...

— C'est bien, n'en parlons plus.

— Et votre majesté va quitter la France?

— Je ne sais; du reste, accomplissez vos ordres, maréchal, et si vous me retrouvez faites-moi arrêter; c'est encore un moyen de faire quelque chose pour moi!... La vie m'est aujourd'hui un lourd fardeau, et celui qui m'en délivrera sera le bien venu... Adieu, Brune.

Et il tendit la main au maréchal; celui-ci voulut la lui baiser; mais Murat ouvrit ses bras, les deux vieux compagnons se tinrent un instant embrassés, la poitrine gonflée de soupirs, les yeux pleins de larmes; puis enfin ils se séparèrent. Brune remonta à cheval, Murat reprit son bâton, et ces deux hommes s'éloignèrent chacun de son côté, l'un pour aller se faire assassiner à Avignon, et l'autre pour aller se faire fusiller au Pizzo.

Pendant ce temps, comme Richard III, Napoléon échangeait à Waterloo sa couronne pour un cheval.

Après l'entrevue que nous venons de rapporter, l'ex-roi de Naples se retira chez son neveu, qui se nommait Bonafoux, et qui était capitaine de frégate; mais cette retraite ne pouvait être que provisoire, la parenté devait éveiller les soupçons de l'autorité. En conséquence, Bonafoux songea à procurer à son oncle un asile plus secret. Il jeta les yeux sur un avocat de ses amis, dont il connaissait l'inflexible probité, et le soir même il se présenta chez lui. Après avoir causé de choses indifférentes, il lui demanda s'il n'avait pas une campagne au bord de la mer, et sur sa réponse affirmative, il s'invita pour le lendemain à déjeuner chez lui; la proposition, comme on le pense, fut acceptée avec plaisir.

Le lendemain, à l'heure convenue, Bonafoux arriva à Bonette; c'était le nom de la maison de campagne qu'habitaient la femme et la fille de M. Marouin. Quant à lui, attaché au barreau de Toulon, il était obligé de rester dans cette ville. Après les premiers complimens d'usage, Bonafoux s'avança vers la fenêtre, et faisant signe à Marouin de le rejoindre :

— Je croyais, lui dit-il avec inquiétude, que votre campagne était située plus près de la mer.

— Nous en sommes à dix minutes de chemin à peine.

— Mais on ne l'aperçoit pas.

— C'est cette colline qui nous empêche de la voir.

— En attendant le déjeuner, voulez-vous que nous allions faire un tour sur la côte ?

— Volontiers. Votre cheval n'est pas encore dessellé, je vais faire mettre la selle au mien, et je viens vous reprendre.

Marouin sortit. Bonafoux resta devant la fenêtre, absorbé dans ses pensées. Au reste, les maîtresses de la maison, distraites par les préparatifs du déjeuner, ne remarquèrent point ou ne parurent point remarquer sa préoccupation. Au bout de cinq minutes Marouin rentra : tout était prêt. L'avocat et son hôte montèrent à cheval et se dirigèrent rapidement vers la mer. Arrivés sur la grève, le capitaine ralentit le pas de sa monture, et, longeant la plage pendant une demi-heure à peu près, il parut apporter la plus grande attention au gisement des côtes. Marouin le suivait sans lui faire de questions sur cet examen, que la qualité d'officier de marine rendait tout naturel. Enfin, après une heure de marche, les deux convives rentrèrent à la maison de campagne. Marouin voulut faire desseller les chevaux; mais Bonafoux s'y opposa, disant qu'aussitôt après le déjeuner il était obligé de retourner à Toulon. Effectivement, à peine le café était-il enlevé que le capitaine se leva et prit congé de ses hôtes. Marouin, rappelé à la ville par ses affaires, monta à cheval avec lui, et les deux amis reprirent ensemble le chemin de Toulon.

Au bout de dix minutes de marche, Bonafoux se rapprocha de son compagnon de route, et lui appuyant la main sur la cuisse :

— Marouin, lui dit-il, j'ai quelque chose

de grave à vous dire, un secret important à vous confier.

— Dites, capitaine. Après les confesseurs, vous savez qu'il n'y a rien de plus discret que les notaires, et après les notaires que les avocats.

— Vous pensez bien que je ne suis pas venu à votre campagne pour le seul plaisir de faire une promenade. Un objet plus important, une responsabilité plus sérieuse me préoccupent, et je vous ai choisi entre tous mes amis, pensant que vous m'étiez assez dévoué pour me rendre un grand service.

— Vous avez bien fait, capitaine.

— Venons au fait clairement et rapidement, comme il convient de le faire entre hommes qui s'estiment et qui comptent l'un sur l'autre. Mon oncle, le roi Joachim, est proscrit; il est caché chez moi, mais il ne peut y rester, car je suis la première personne chez laquelle on viendra faire visite. Votre campagne est isolée, et, par conséquent, on ne peut plus convenable pour lui servir de retraite. Il faut que vous la mettiez à notre disposition jusqu'au moment où les événemens permettront au roi de prendre une détermination quelconque.

— Vous pouvez en disposer, dit Marouin.

— C'est bien; mon oncle y viendra coucher cette nuit.

— Mais donnez-moi le temps au moins de la rendre digne de l'hôte royal que je vais avoir l'honneur de recevoir.

— Mon pauvre Marouin, vous vous donneriez une peine inutile, et vous nous imposeriez un retard fâcheux. Le roi Joachim a perdu l'habitude des palais et des courtisans; il est trop heureux aujourd'hui quand il trouve une chaumière et un ami; d'ailleurs je l'ai prévenu, tant d'avance j'étais sûr de votre réponse. Il compte coucher chez vous ce soir; si maintenant j'essayais de changer quelque chose à sa détermination, il verrait un refus dans ce qui ne serait qu'un délai, et vous perdriez tout le mérite de votre belle et bonne action. Ainsi, c'est chose dite : ce soir, à dix heures, au Champ-de-Mars.

A ces mots, le capitaine mit son cheval au galop et disparut. Marouin fit tourner au sien, et revint à sa campagne donner les ordres nécessaires à la réception d'un étranger dont il ne dit pas le nom.

A dix heures du soir, ainsi que la chose avait été convenue, Marouin était au Champ-de-Mars, encombré alors par l'artillerie de campagne du maréchal Brune. Personne n'était arrivé encore. Il se promenait entre les caissons, lorsque le factionnaire vint à lui et lui demanda ce qu'il faisait. La réponse était assez difficile : on ne se promène guère pour son plaisir à dix heures du soir au milieu d'un parc d'artillerie ; aussi demanda-t-il à parler au chef du poste. L'officier s'avança : M. Marouin se fit reconnaître à lui pour avocat, adjoint au maire de la ville de Toulon, lui dit qu'il avait donné rendez-vous à quelqu'un au Champ-de-Mars, ignorant que ce fût chose défendue, et qu'il attendait cette personne. En conséquence de cette explication, l'officier l'autorisa à rester et rentra au poste. Quant à la sentinelle, fidèle observatrice de la subordination, elle continua sa promenade mesurée sans s'inquiéter davantage de la présence d'un étranger.

Quelques minutes après, un groupe de plusieurs personnes parut du côté des Lices. Le ciel était magnifique, la lune brillante. Marouin reconnut Bonafoux et s'avança vers lui. Le capitaine lui prit aussitôt la main, le conduisit au roi, et s'adressant successivement à chacun d'eux : « Sire, dit-il, voici l'ami dont je vous ai parlé. » Puis, se retournant vers Marouin : « Et vous, lui dit-il, voici le roi de Naples, proscrit et fugitif, que je vous confie. Je ne parle pas de la possibilité qu'il reprenne un jour sa couronne; ce serait vous ôter tout le mérite de votre belle action... Maintenant servez-lui de guide, nous vous suivrons de loin; marchez. »

Le roi et l'avocat se mirent en route aussitôt. Murat était alors vêtu d'une redingote bleue, moitié militaire moitié civile, et boutonnée jusqu'en haut; il avait un pantalon blanc et des bottes à éperons. Il portait les cheveux longs, de larges moustaches et d'épais favoris qui lui faisaient le tour du cou. Tout le long de la route il interrogea son hôte sur la situation de la campagne qu'il allait habiter et sur la facilité qu'il aurait, en cas d'alerte, à gagner la mer. Vers minuit le roi et Marouin arrivèrent à Bonette ; la suite royale les rejoignit au bout de dix minutes : elle se composait d'une trentaine de personnes. Après avoir pris quelques rafraîchissemens, cette petite troupe, dernière cour du roi déchu, se retira pour se disperser dans la ville et ses environs, et Murat resta seul avec les femmes, ne gardant auprès de lui qu'un seul valet de chambre nommé Leblanc.

Murat resta un mois à peu près dans cette solitude, occupant toutes ses journées à répondre aux journaux qui l'avaient accusé de trahison envers l'empereur. Cette accusation était sa préoccupation, son fantôme, son spectre : jour et nuit il essayait de l'écarter en cherchant dans la position difficile où il s'était trouvé toutes les raisons qu'elle pouvait lui offrir d'agir comme il avait agi. Pendant ce temps, la désastreuse nouvelle de la défaite de Waterloo s'était répandue. L'empereur, qui venait de proscrire, était proscrit lui-même, et il attendait à Rochefort, comme Murat à Toulon, ce que les ennemis allaient décider de lui. On ignore encore à quelle voix intérieure a cédé Napoléon lorsque, repoussant les conseils du général Lallemand et le dévouement du capitaine Bodin, il préféra l'Angleterre à l'Amérique et s'en alla, moderne Prométhée, s'étendre sur le rocher de Sainte-Hélène. Nous allons dire, nous, quelle circonstance fortuite conduisit Murat dans les fossés de Pizzo; puis nous laisserons les fatalistes tirer de cette étrange histoire telle déduction philosophique qu'il leur plaira. Quant à nous, simple annaliste, nous ne pouvons que répondre de l'exactitude des faits que nous avons déjà racontés et de ceux qui vont suivre.

Le roi Louis XVIII était remonté sur le trône; tout espoir de rester en France était donc perdu pour Murat; il fallait partir. Son neveu Bonafoux fréta un brick pour les États-

Unis sous le nom du prince Rocca Romana. Toute la suite se rendit à bord, et l'on commença d'y faire transporter les objets précieux que le proscrit avait pu sauver dans le naufrage de sa royauté. D'abord ce fut un sac d'or pesant cent livres à peu près, une garde d'épée sur laquelle étaient les portraits du roi, de la reine et de ses enfans, et les actes de l'état civil de sa famille, reliés en velours et ornés de ses armes. Quant à Murat, il avait gardé sur lui une ceinture dans laquelle était, entre quelques papiers précieux, une vingtaine de diamans démontés qu'il estimait lui-même à une valeur de quatre millions.

Tous ces préparatifs de départ arrêtés, il fut convenu que le lendemain, 1ᵉʳ août, à cinq heures du matin, la barque du brick viendrait chercher le roi dans une petite baie distante de dix minutes de chemin de la maison de campagne qu'il habitait. Le roi passa la nuit à tracer à M. Marouin un itinéraire à l'aide duquel il devait arriver jusqu'à la reine, qui alors était, je crois, en Autriche. Au moment de partir il fut terminé, et en quittant le seuil de cette maison hospitalière, où il avait trouvé un refuge, il le remit à son hôte avec un volume de Voltaire que son édition stéréotype rendait portatif. Au bas du conte de *Micromégas* le roi avait écrit [1] :

« Tranquillise-toi, ma chère Caroline; quoique bien malheureux, je suis libre. Je pars sans savoir où je vais; mais partout où j'irai mon cœur sera à toi et à mes enfans.
» J. M. »

Dix minutes après, Murat et son hôte attendaient sur la plage de Bonette l'arrivée du canot qui devait conduire le fugitif à son bâtiment.

Ils attendirent ainsi jusqu'à midi, et rien ne parut; et cependant ils voyaient à l'horizon le brick sauveur qui, ne pouvant tenir l'ancre à cause de la profondeur de la mer, courait des bordées, au risque, par cette manœuvre, de donner l'éveil aux sentinelles de la côte. A

---

[1] Ce volume est encore entre les mains de M. Marouin, à Toulon.

midi, le roi, écrasé de fatigue, brûlé par le soleil, était couché sur la plage, lorsqu'un domestique arriva portant quelques rafraîchissemens que madame Marouin, inquiète, envoyait à tout hasard à son mari. Le roi prit un verre d'eau rougie, mangea une orange, se releva un instant pour regarder si dans l'immensité de cette mer il ne verrait pas venir à lui la barque qu'il attendait. La mer était déserte, et le brick seul se courbait gracieusement à l'horizon, impatient de partir comme un cheval qui attend son maître.

Le roi poussa un soupir et se recoucha sur le sable. Le domestique retourna à Bonette avec l'ordre d'envoyer à la plage le frère de M. Marouin. Un quart d'heure après il arrivait, et presque aussitôt il repartait à grande course de cheval pour Toulon, afin de savoir de M. Bonafoux la cause qui avait empêché la barque de venir prendre le roi. En arrivant chez le capitaine il trouva la maison envahie par la force armée; on faisait une visite domiciliaire dont Murat était l'objet. Le messager parvint enfin au milieu du tumulte jusqu'à celui auprès duquel il était envoyé, et là il apprit que le canot était parti à l'heure convenue, et qu'il fallait qu'il se fût égaré dans les calangues de Saint-Louis et de Sainte-Marguerite. C'est en effet ce qui était arrivé. A cinq heures M. Marouin rapportait ces nouvelles à son frère et au roi. Elles étaient embarrassantes. Le roi n'avait plus le courage de défendre sa vie, même par la fuite; il était dans un de ces momens d'abattement qui saisissent parfois l'homme le plus fort, incapable d'émettre une opinion pour sa propre sûreté, et laissant M. Marouin maître d'y pourvoir comme bon lui semblerait. En ce moment un pêcheur rentrait en chantant dans le port. Marouin lui fit signe de venir, il obéit.

Marouin commença par acheter à cet homme tout le poisson qu'il avait pris; puis, après qu'il l'eut payé avec quelques pièces de monnaie, il fit briller de l'or à ses yeux, et lui offrit trois louis s'il voulait conduire un passager au brick que l'on apercevait en face de la Croix-des-Signaux. Le pêcheur accepta.

Cette chance de salut rendit à l'instant même toutes ses forces à Murat; il se leva, embrassa M. Marouin, lui recommanda d'aller trouver sa femme et de lui remettre le volume de Voltaire; puis il s'élança dans la barque, qui s'éloigna aussitôt.

Elle était déjà à quelque distance de la côte lorsque le roi arrêta le rameur et fit signe à Marouin qu'il avait oublié quelque chose. En effet, sur la plage était un sac de nuit dans lequel Murat avait renfermé une magnifique paire de pistolets montés en vermeil, qui lui avait été donnée par la reine et à laquelle il tenait prodigieusement. A peine fut-il à la portée de la voix qu'il indiqua à son hôte le motif de son retour. Celui-ci prit aussitôt la valise, et, sans attendre que Murat touchât terre, il la lui jeta de la plage dans le bateau; en tombant, le sac de nuit s'ouvrit et un des pistolets en sortit. Le pêcheur ne jeta qu'un coup d'œil sur l'arme royale; mais ce fut assez pour qu'il remarquât sa richesse et qu'il conçût des soupçons. Il n'en continu pas moins de ramer vers le bâtiment. M. Marouin le voyant s'éloigner laissa son frère sur la côte, et, saluant une dernière fois le roi, qui lui rendit son salut, retourna vers la maison pour calmer les inquiétudes de sa femme et prendre lui-même quelques heures de repos dont il avait grand besoin.

Deux heures après il fut réveillé par une visite domiciliaire; sa maison, à son tour, était envahie par la gendarmerie. On chercha de tous les côtés sans trouver trace du roi. Au moment où les recherches étaient le plus acharnées, son frère rentra; Marouin le regarda en souriant, car il croyait le roi sauvé; mais à l'expression du visage de l'arrivant, il vit qu'il était advenu quelque nouveau malheur; aussi, au premier moment de relâche que lui donnèrent les visiteurs, il s'approcha de son frère :

— Eh bien! dit-il, le roi est à bord, j'espère?
— Le roi est à cinquante pas d'ici, caché dans la masure.
— Pourquoi est-il revenu?

— Le pêcheur a prétexté un gros temps, et a refusé de le conduire jusqu'au brick.

— Le misérable !

Les gendarmes rentrèrent.

Toute la nuit se passa en visites infructueuses dans la maison et ses dépendances ; plusieurs fois ceux qui cherchaient le roi passèrent à quelques pas de lui ; et Murat put entendre leurs menaces et leurs imprécations. Enfin, une demi-heure avant le jour, ils se retirèrent ; Marouin les laissa s'éloigner, et aussitôt qu'il les eut perdus de vue il courut à l'endroit où devait être le roi. Il le trouva couché dans un enfoncement et tenant un pistolet de chaque main ; le malheureux n'avait pu résister à la fatigue et s'était endormi. Il hésita un instant à le rendre à cette vie errante et tourmentée ; mais il n'y avait pas une minute à perdre. Il le réveilla.

Aussitôt ils s'acheminèrent vers la côte ; le brouillard matinal s'étendait sur la mer, on ne pouvait distinguer à deux cents pas de distance : ils furent obligés d'attendre. Enfin les premiers rayons du soleil commencèrent à attirer à eux cette vapeur nocturne; elle se déchira, glissant sur la mer, pareille aux nuages qui glissent au ciel. L'œil avide du roi plongeait dans chacune des vallées humides qui se creusaient devant lui, sans y rien distinguer; cependant il espérait toujours que derrière ce rideau mobile il finirait par apercevoir le brick sauveur. Peu à peu l'horizon s'éclaircit; de légères vapeurs, semblables à des fumées, coururent encore quelque temps à la surface de la mer, et dans chacune d'elles le roi croyait reconnaître les voiles blanches de son vaisseau. Enfin la dernière s'effaça lentement, la mer se révéla dans toute son immensité : elle était déserte. Le brick, n'osant attendre plus long-temps, était parti pendant la nuit.

— Allons, dit le roi se retournant vers son hôte, le sort en est jeté, j'irai en Corse.

Le même jour, le maréchal Brune était assassiné à Avignon.

CHAPITRE II.

LA CORSE.

II

LA CORSE.

C'est encore sur cette même plage de Bonette, dans cette même baie où nous l'avons vu attendre inutilement le canot de son brick, que, toujours accompagné de son hôte fidèle, nous allons retrouver Murat le 22 août de la même année. Ce n'était plus alors par Napoléon qu'il était menacé, c'est par Louis XVIII qu'il était proscrit : ce n'était plus la loyauté militaire de Brune qui venait, les larmes aux yeux, lui signifier les ordres qu'il avait reçus, c'était l'ingratitude haineuse de M. de Rivière, qui mettait à prix[1] la tête de celui qui avait sauvé la sienne[2]. M. de Rivière avait bien écrit à l'ex-roi de Naples de s'abandonner à la bonne foi et à l'humanité du roi de France, mais cette vague invitation n'avait point paru au proscrit une garantie suffisante, surtout de la part d'un homme qui venait de laisser égorger, presque sous ses yeux, un maréchal de France porteur d'un sauf-conduit signé de sa main. Murat savait le massacre des Mameluks à Marseille, l'assassinat de Brune à Avignon ; il avait été prévenu la veille par le commissaire de police de Toulon[3] que l'ordre formel avait été donné de l'arrêter : il n'y avait donc pas moyen de rester plus long-temps en France. La Corse, avec ses villes hospitalières, ses montagnes amies et ses forêts impénétrables, était à cin-

[1] A 48,000 fr.
[2] Conspiration de Pichegru.
[3] M. Joliclerc.

quante lieues à peine ; il fallait gagner la Corse, et attendre dans ses villes, dans ses montagnes ou dans ses forêts, ce que les rois décideraient relativement au sort de celui qu'ils avaient appelé sept ans leur frère.

A dix heures du soir, le roi descendit sur la plage. Le bateau qui devait l'emporter n'était pas encore au rendez-vous ; mais, cette fois, il n'y avait aucune crainte qu'il y manquât ; la baie avait été reconnue, pendant la journée, par trois amis dévoués à la fortune adverse : c'étaient MM. Blancard, Langlade et Donadieu, tous trois officiers de marine, hommes de tête et de cœur, qui s'étaient engagés sur leur vie à conduire Murat en Corse, et qui en effet allaient exposer leur vie pour accomplir leur promesse. Murat vit donc sans inquiétude la plage déserte : ce retard, au contraire, lui donnait quelques instans de joie filiale. Sur ce bout de terrain, sur cette langue de sable, le malheureux proscrit se cramponnait encore à la France, sa mère, tandis qu'une fois le pied posé sur ce bâtiment qui allait l'emporter, la séparation devait être longue, sinon éternelle.

Au milieu de ces pensées, il tressaillit tout-à-coup et poussa un soupir : il venait d'apercevoir, dans l'obscurité transparente de la nuit méridionale, une voile glissant sur les vagues comme un fantôme. Bientôt un chant de marin se fit entendre ; Murat reconnut le signal convenu, il y répondit en brûlant l'amorce d'un pistolet, et aussitôt la barque se dirigea vers la terre ; mais, comme elle tirait trois pieds d'eau, elle fut forcée de s'arrêter à dix ou douze pas de la plage ; deux hommes se jetèrent aussitôt à la mer et gagnèrent le bord, le troisième resta enveloppé dans son manteau et couché près du gouvernail.

—Eh bien, mes braves amis, dit le roi en allant au-devant de Blancard et de Langlade jusqu'à ce qu'il sentit la vague mouiller ses pieds, le moment est arrivé, n'est-ce pas ? Le vent est bon, la mer calme ; il faut partir.

— Oui, répondit Langlade, oui, sire, il

faut partir, et peut-être cependant serait-il plus sage de remettre la chose à demain.

— Pourquoi, reprit Murat?

Langlade ne répondit point, mais, se tournant vers le couchant, il leva la main, et, selon l'habitude des marins, il siffla pour appeler le vent.

— C'est inutile, dit Donadieu, qui était resté dans la barque, voici les premières bouffées qui arrivent, et bientôt tu en auras à n'en savoir que faire... Prends garde, Langlade, prends garde, parfois en appelant le vent on éveille la tempête. — Murat tressaillit, car il semblait que cet avis, qui s'élevait de la mer, lui était donné par l'esprit des eaux; mais l'impression fut courte, et il se remit à l'instant.

— Tant mieux, dit-il, plus nous aurons de vent, plus vite nous marcherons.

— Oui, répondit Langlade, seulement Dieu sait où il nous conduira, s'il continue à tourner ainsi.

— Ne partez pas cette nuit, sire, dit Blancard, joignant son avis à celui de ses deux compagnons.

— Mais enfin pourquoi cela?

— Parce que, vous voyez cette ligne noire, n'est-ce pas? eh bien, au coucher du soleil elle était à peine visible, la voilà maintenant qui couvre une partie de l'horizon; dans une heure il n'y aura plus une étoile au ciel.

— Avez-vous peur? dit Murat.

— Peur? répondit Langlade, et de quoi? de l'orage? Il haussa les épaules. C'est à peu près comme si je demandais à votre majesté si elle a peur d'un boulet de canon... Ce que nous en disons, c'est pour vous, sire; mais que voulez-vous que fasse l'orage à des chiens de mer comme nous?

— Partons donc! s'écria Murat en poussant un soupir. Adieu, Marouin... Dieu seul peut vous récompenser de ce que vous avez fait pour moi. Je suis à vos ordres, messieurs.

A ces mots, les deux marins saisirent le roi chacun par une cuisse, et l'élevant sur leurs épaules, ils entrèrent aussitôt dans la mer; en un instant il fut à bord, Langlade et Blancard montèrent derrière lui, Donadieu resta au gouvernail, les deux autres officiers se chargèrent de la manœuvre et commencèrent leur service en déployant les voiles. Aussitôt, comme un cheval qui sent l'éperon, la petite barque sembla s'animer; les marins jetèrent un coup d'œil insoucieux vers la terre, et Murat, sentant qu'il s'éloignait, se retourna du côté de son hôte et lui cria une dernière fois :

— Vous avez votre itinéraire jusqu'à Trieste...n'oubliez pas ma femme!...Adieu!... Adieu!...

— Dieu vous garde, sire, murmura Marouin;— et quelque temps encore, grâce à la voile blanche qui se dessinait dans l'ombre, il put suivre des yeux la barque qui s'éloignait rapidement; enfin elle disparut. Marouin resta encore quelque temps sur le rivage, quoiqu'il ne vît plus rien et n'entendit plus rien; alors un cri affaibli par la distance parvint encore jusqu'à lui : ce cri était le dernier adieu de Murat à la France.

Lorsque M. Marouin me raconta un soir,

au lieu même où la chose s'était passée, les détails que je viens de décrire, ils lui étaient si présens, quoique vingt ans se fussent écoulés depuis lors, qu'il se rappelait jusqu'aux moindres accidens de cet embarquement nocturne. De ce moment il m'assura qu'un pressentiment de malheur l'avait saisi, qu'il ne pouvait s'arracher de cette plage, et que plusieurs fois l'envie lui prit de rappeler le roi; mais, pareil à un homme qui rêve, sa bouche s'ouvrait sans laisser échapper aucun son. Il craignait de paraître insensé; et ce ne fut qu'à une heure du matin, c'est-à-dire deux heures et demie après le départ de la barque, qu'il rentra chez lui avec une tristesse mortelle dans le cœur.

Quant aux aventureux navigateurs, ils s'étaient engagés dans cette large ornière marine qui mène de Toulon à Bastia, et d'abord l'événement parut, aux yeux du roi, démentir la prédiction de nos marins : le vent, au lieu de s'augmenter, tomba peu à peu, et deux heures après le départ la barque se balançait sans reculer ni avancer sur des vagues qui de minute en minute allaient s'aplanissant. Murat regardait tristement s'éteindre, sur cette mer, où il se croyait enchaîné, le sillon phosphorescent que le petit bâtiment traînait après lui : il avait amassé du courage contre la tempête, mais non contre le calme; et, sans même interroger ses compagnons de voyage, à l'inquiétude desquels il se méprenait, il se coucha au fond du bateau, s'enveloppa de son manteau, et, fermant les yeux comme s'il dormait, il s'abandonna au flot de ses pensées, bien autrement tumultueux et agité que celui de la mer. Bientôt les deux marins, croyant à son sommeil, se réunirent au pilote, et, s'asseyant près du gouvernail, commencèrent à tenir conseil.

— Vous avez eu tort, Langlade, dit Donadieu, de prendre une barque ou si petite ou si grande : sans pont nous ne pouvons résister à la tempête, et sans rames nous ne pouvons avancer dans le calme.

— Sur Dieu! je n'avais pas le choix. J'ai été obligé de prendre ce que j'ai rencontré; et si ce n'était pas l'époque des madragues[1],

[1] Pêche du thon.

je n'aurais pas même trouvé cette mauvaise péniche, ou bien il me l'aurait fallu aller chercher dans le port, et la surveillance est telle que j'y serais bien entré, mais que je n'aurais probablement pas pu en sortir.

— Est-elle solide au moins ? dit Blancard.

— Pardieu ! tu sais bien ce que c'est que des planches et des clous qui trempent depuis dix ans dans l'eau salée. Dans les occasions ordinaires on n'en voudrait pas pour aller de Marseille au château d'If; dans une circonstance comme la nôtre on ferait le tour du monde dans une coquille de noix.

— Chut ! dit Donadieu. Les marins écoutèrent : un grondement lointain se fit entendre, mais si faible qu'il fallait l'oreille exercée d'un enfant de la mer pour le distinguer.

— Oui, oui, dit Langlade; c'est un avertissement pour ceux qui ont des jambes ou des ailes de regagner le nid qu'ils n'auraient pas dû quitter.

— Sommes-nous loin des îles ? dit vivement Donadieu.

— A une lieue environ.

— Mettez le cap sur elles.

— Et pourquoi faire? dit Murat en se soulevant.

— Pour y relâcher, sire, si nous le pouvons...

— Non, non, s'écria Murat, je ne veux plus remettre le pied à terre qu'en Corse; je ne veux pas quitter encore une fois la France. D'ailleurs la mer est calme, et voilà le vent qui nous revient...

— Tout à bas! cria Donadieu.

Aussitôt Langlade et Blancard se précipitèrent pour exécuter la manœuvre. La voile glissa le long du mât, et s'abattit au fond du bâtiment.

— Que faites vous? cria Murat; oubliez-vous que je suis roi et que j'ordonne?

— Sire, dit Donadieu, il y a un roi plus puissant que vous ici, c'est Dieu; il y a une voix qui couvre la vôtre, c'est celle de la tempête... Laissez-nous sauver votre majesté, si la chose est possible, et n'exigez rien de plus...

En ce moment un éclair sillonna l'horizon, un coup de tonnerre, plus rapproché que le premier, se fit entendre, une légère écume monta à la surface de l'eau, la barque frissonna comme un être animé. Murat commença à comprendre que le danger venait ; alors il se leva en souriant, jeta derrière lui son chapeau, secoua ses longs cheveux, aspira l'orage comme il aspirait la fumée ; le soldat était prêt à combattre.

— Sire, dit Donadieu, vous avez bien vu des batailles ; mais peut-être n'avez-vous point vu une tempête ; si vous êtes curieux de ce spectacle, cramponnez-vous au mât et regardez, car en voilà une qui se présente bien.

— Que faut-il que je fasse ? dit Murat ; ne puis-je vous aider en rien ?

— Non ! pas pour le moment, sire ; plus tard nous vous emploierons aux pompes...

Pendant ce dialogue, l'orage avait fait des progrès, il arrivait sur les voyageurs comme un cheval de course, soufflant le vent et le feu par ses naseaux, hennissant le tonnerre et faisant voler l'écume des vagues sous ses pieds. Donadieu pressa le gouvernail, la barque céda comme si elle comprenait la nécessité d'une prompte obéissance, et présenta sa poupe au choc du vent; alors la bourrasque passa, laissant derrière elle la mer tremblante, et tout parut rentrer dans le repos. La tempête reprenait haleine.

— En sommes-nous donc quittes pour cette rafale? dit Murat.

— Non, votre majesté, dit Donadieu, ceci n'est qu'une affaire d'avant-garde; tout-à-l'heure le corps d'armée va donner.

— Et ne faisons-nous pas quelques préparatifs pour le recevoir? répondit gaiement le roi?

— Lesquels! dit Donadieu. Nous n'avons plus un pouce de toile où le vent puisse mordre, et tant que la barque ne fera pas eau nous flotterons comme un bouchon de liége. Tenez-vous bien, sire!...

En effet une seconde bourrasque accourait, plus rapide que la première, accompagnée de pluie et d'éclairs. Donadieu essaya de répéter la même manœuvre; mais il ne put virer si rapidement que le vent n'enveloppât la barque; le mât se courba comme un roseau; le canot embarqua une vague.

— Aux pompes, cria Donadieu ! Sire, voilà le moment de nous aider...

Blancard, Langlade et Murat saisirent leurs chapeaux et se mirent à vider la barque. La position de ces quatre hommes était affreuse, elle dura trois heures. Au point du jour le vent faiblit; cependant la mer resta grosse et tourmentée. Le besoin de manger commença à se faire sentir; toutes les provisions avaient été atteintes par l'eau de mer, le vin seul avait été préservé du contact. Le roi prit une bouteille, en avala le premier quelques gorgées; puis il la passa à ses compagnons, qui burent à leur tour : la nécessité avait chassé l'étiquette. Langlade avait par hasard sur lui quelques tablettes de chocolat, qu'il offrit au roi. Murat en fit quatre parts égales et força ses compagnons de manger; puis, le repas fini, on orienta vers la Corse; mais la barque avait tellement souffert qu'il n'y avait pas probabilité qu'elle pût gagner Bastia.

Le jour se passa tout entier sans que les voyageurs pussent faire plus de dix lieues; ils naviguaient sous la petite voile de foque, n'osant tendre la grande voile; et le vent était si variable, que le temps se perdait à combattre ses caprices. Le soir une voie d'eau se déclara; elle pénétrait à travers des planches disjointes; les mouchoirs réunis de l'équipage suffirent pour tamponner la barque, et la nuit, qui descendit triste et sombre, les enveloppa pour la seconde fois de son obscurité. Murat, écrasé de fatigue, s'endormit; Blancard et Langlade reprirent place près de Donadieu; et ces trois hommes, qui semblaient insensibles au sommeil et à la fatigue, veillèrent à la tranquillité de son sommeil.

La nuit fut, en apparence, assez tranquille; cependant quelquefois des craquemens sourds se faisaient entendre. Alors les trois marins se regardaient avec une expression étrange; puis leurs yeux se reportaient vers le roi, qui dormait au fond de ce bâtiment, dans son manteau trempé d'eau de mer, aussi profondément qu'il avait dormi dans les sables de l'Égypte et dans les neiges de la Russie. Alors l'un d'eux se levait, s'en allait à l'autre bout du canot en sifflant entre ses dents l'air d'une chanson provençale... puis, après avoir consulté le ciel, les vagues et la barque, il revenait auprès de ses camarades, et se rasseyait en murmurant : —C'est impossible ; à moins d'un miracle, nous n'arriverons jamais.—La nuit s'écoula dans ces alternatives. Au point du jour on se trouva en vue d'un bâtiment : Une voile ! s'écria Donadieu, une voile ! A ce cri, le roi se réveilla. En effet, un petit brick marchand apparaissait venant de Corse et faisant route vers Toulon. Donadieu mit le cap sur lui, Blancard hissa les voiles au point de fatiguer la barque, et Langlade courut à la proue, élevant le manteau du roi au bout d'une espèce de harpon. Bientôt les voyageurs s'aperçurent qu'ils avaient été vus; le brick manœuvra de manière à se rapprocher d'eux; au bout de dix minutes ils se trouvèrent à cinquante pas l'un de l'autre. Le capitaine parut sur l'avant.

Alors le roi le héla, lui offrant une forte récompense s'il voulait le recevoir à bord avec ses trois compagnons et les conduire en Corse. Le capitaine écouta la proposition; puis aussitôt se tournant vers l'équipage, il donna à demi-voix un ordre que Donadieu ne put entendre, mais qu'il saisit probablement par le geste, car aussitôt il commanda à Langlade et à Blancard une manœuvre qui avait pour but de s'éloigner du bâtiment. Ceux-ci obéirent avec la promptitude passive des marins; mais le roi frappa du pied :

— Que faites-vous, Donadieu? que faites-vous? s'écria-t-il; ne voyez-vous pas qu'il vient à nous?

— Oui, sur mon ame, je le vois... Obéissez, Langlade; alerte, Blancard. Oui, il vient sur nous, et peut-être m'en suis-je aperçu trop tard. C'est bien, c'est bien; à moi maintenant. Alors il se coucha sur le gouvernail, et lui imprima un mouvement si subit et si violent, que la barque, forcée de changer immédiatement de direction, sembla se raidir contre lui, comme ferait un cheval contre le frein; enfin elle obéit. Une vague énorme, soulevée par le géant qui venait sur elle, l'emporta avec elle comme une feuille; le brick passa à quelques pieds de sa poupe.

— Ah! traître! s'écria le roi, qui commença seulement à s'apercevoir de l'intention du capitaine; en même temps il tira un pistolet de sa ceinture, en criant : A l'abordage, à l'abordage, et essaya de faire feu sur le brick; mais la poudre était mouillée et ne s'enflamma point. Le roi était furieux, et ne cessait de crier : A l'abordage, à l'abordage.

— Oui, oui, le misérable, ou plutôt l'imbécile, dit Donadieu, il nous a pris pour des forbans, et il a voulu nous couler, comme si nous avions besoin de lui pour cela.

En effet, en jetant les yeux sur le canot il était facile de s'apercevoir qu'il commençait à faire eau. La tentative de salut que venait de risquer Donadieu avait effroyablement fatigué la barque, et la mer entrait par plusieurs écartemens de planches; il fallut se mettre à puiser de l'eau avec les chapeaux; ce travail dura dix heures. Enfin Donadieu fit, pour la seconde fois, entendre le cri sauveur : — Une voile ! une voile !...

Le roi et ses deux compagnons cessèrent aussitôt leur travail; on hissa de nouveau les voiles, on mit le cap sur le bâtiment qui s'avançait et l'on cessa de s'occuper de l'eau, qui, n'étant plus combattue, gagna rapidement.

Désormais c'était une question de temps, de minutes, de secondes, voilà tout; il s'agissait d'arriver au bâtiment avant de couler bas. Le bâtiment, de son côté, semblait comprendre la position désespérée de ceux qui imploraient son secours; il venait au pas de course. Langlade le reconnut le premier, c'était une balancelle du gouvernement, un bateau de poste qui faisait le service entre Toulon et Bastia. Langlade était l'ami du capitaine, il l'appela par son nom avec cette voix puissante de l'agonie, et il fut entendu. Il était temps, l'eau gagnait toujours; le roi et ses compagnons étaient déjà dans la mer jusqu'aux genoux; le canot gémissait comme un mourant qui râle; il n'avançait plus et commençait à tourner sur lui-même. En ce moment, deux ou trois câbles, jetés de la balancelle, tombèrent dans la barque; le roi en saisit un, s'élança et saisit l'échelle de corde : il était sauvé. Blancard et Langlade en firent autant presque aussitôt; Donadieu resta le dernier, comme c'était son devoir de le faire, et au moment où il mettait un pied sur l'échelle du bord, il sentit sous l'autre s'enfoncer la barque qu'il quittait; il se retourna avec la tranquillité d'un marin, vit le gouffre ouvrir sa vaste gueule au-dessous de lui, et aussitôt la barque dévorée tournoya et disparut. Cinq secondes encore, et ces quatre hommes, qui maintenant étaient sauvés, étaient à tout jamais perdus[1]!...

Murat était à peine sur le pont qu'un homme vint se jeter à ses pieds : c'était un mamelukqu'ilavait autrefois ramené d'Égypte, et qui s'était depuis marié à Castellamare; des

[1] Ces détails sont populaires à Toulon, et m'ont été racontés vingt fois à moi-même pendant le double séjour que je fis en 1834 et 1835 dans cette ville; quelques-uns de ceux qui me les rapportaient les tenaient de la bouche même de Langlade et de Donadieu. A. D.

affaires de commerce l'avaient attiré à Marseille, où, par miracle, il avait échappé au massacre de ses frères; et, malgré le déguisement qui le couvrait et les fatigues qu'il venait d'essuyer, il avait reconnu son ancien maitre. Ses exclamations de joie ne permirent pas au roi de garder plus long-temps son incognito ; alors le sénateur Casabianca, le capitaine Oletta, un neveu du prince Baciocchi, un ordonnateur nommé Boërco, qui fuyaient eux-mêmes les massacres du Midi, se trouvant sur le bâtiment, le saluèrent du nom de majesté et lui improvisèrent une petite cour : le passage était brusque, il opéra un changement rapide ; ce n'était plus Murat le proscrit, c'était Joachim 1er roi de Naples. La terre de l'exil disparut avec la barque engloutie; à sa place, Naples et son golfe magnifique apparurent à l'horizon comme un merveilleux mirage, et sans doute la première idée de la fatale expédition de Calabre prit naissance pendant ces jours d'enivrement qui suivirent les heures d'agonie. Cependant le roi, ignorant encore quel accueil l'attendait en Corse, prit le nom de comte de Campo Melle, et ce fut sous ce nom que le 25 août il prit terre à Bastia. Mais la précaution fut inutile ; trois jours après son arrivée personne n'ignorait plus sa présence dans cette ville. Des rassemblemens se formèrent aussitôt, des cris de vive Joachim ! se firent entendre, et le roi, craignant de troubler la tranquillité publique, sortit le même soir de Bastia avec ses trois compagnons et son mameluk. Deux heures après il entrait à Viscovato et frappait à la porte du général Franchescetti, qui avait été à son service tout le temps de son règne, et qui, ayant quitté Naples en même temps que le roi, était revenu en Corse habiter avec sa femme la maison de M. Colona Cicaldi, son beau-père. Il était en train de souper lorsqu'on vint lui dire qu'un étranger demandait à lui parler : il sortit et trouva Murat enveloppé d'une capote militaire, la tête enfoncée dans un bonnet de marin, la barbe longue, et portant un pantalon, des guêtres et des souliers de soldat. Le général s'arrêta étonné ; Murat fixa sur lui son grand œil noir ; puis croisant les bras : Franchescetti, lui dit-il, avez-vous à votre table une place pour votre général qui a faim ? avez-vous sous votre toit un asile pour votre roi qui est proscrit ?...

Franchescetti jeta un cri de surprise en reconnaissant Joachim, et ne put lui répondre qu'en tombant à ses pieds et en lui baisant la main. De ce moment la maison du général fut à la disposition de Murat.

A peine le bruit de l'arrivée du roi fut-il répandu dans les environs que l'on vit accourir à Viscovato des officiers de tous grades, des vétérans qui avaient combattu sous lui, et des chasseurs corses que son caractère aventureux séduisait; en peu de jours la maison du général fut transformée en palais, le village en résidence royale, et l'île en royaume. D'étranges bruits se répandirent sur les intentions de Murat; une armée de neuf cents hommes contribuait à leur donner quelque consistance. C'est alors que Blancard, Langlade et Donadieu prirent congé de lui; Murat voulut les retenir; mais ils s'étaient voués au salut du proscrit, et non à la fortune du roi.

Nous avons dit que Murat avait rencontré à bord du bateau de poste de Bastia un de ses anciens mameluks nommé Othello, et que celui-ci l'avait suivi à Viscovato : l'ex-roi de Naples songea à se faire un agent de cet homme. Des relations de famille le rappelaient tout naturellement à Castellamare ; il lui ordonna d'y retourner, et le chargea de lettres pour les personnes sur le dévouement desquelles il comptait le plus. Othello partit, arriva heureusement chez son beau-père, et crut pouvoir lui tout dire ; mais celui-ci, épouvanté, prévint la police : une descente nocturne fut faite chez Othello et sa correspondance saisie.

Le lendemain, toutes les personnes auxquelles étaient adressées les lettres furent arrêtées et reçurent l'ordre de répondre à Murat comme si elles étaient libres et de lui indiquer Salerne comme le lieu le plus propre au débarquement : cinq sur sept eurent la lâcheté d'obéir ; les deux autres, qui étaient deux frères espagnols, s'y refusèrent absolument : on les jeta dans un cachot.

Cependant, le 17 septembre, Murat quitta Viscovato, le général Franchescetti, ainsi que plusieurs officiers corses, lui servirent d'escorte; il s'achemina vers Ajaccio par Cotone, les montagnes de Serra et Bosco, Venaco, Vivaro, les gorges de la forêt de Vezzanovo et Bogognone; partout il fut reçu et fêté comme un roi, et à la porte des villes il reçut plusieurs députations qui le haranguèrent en le saluant du titre de majesté; enfin le 23 septembre il arriva à Ajaccio. La population tout entière l'attendait hors des murs; son entrée dans la ville fut un triomphe; il fut porté jusqu'à l'auberge qui avait été désignée d'avance par les maréchaux de logis: il y avait de quoi tourner la tête à un homme moins impressionnable que Murat: quant à lui, il était dans l'ivresse; en entrant dans l'auberge il tendit la main à Franchescetti.—Voyez, lui dit-il, à la manière dont me reçoivent les Corses, ce que feront pour moi les Napolitains.—C'était le premier mot qui lui échappait sur ses projets à venir, et dès ce jour même il ordonna de tout préparer pour son départ.

On rassembla dix petites felouques : un Maltais nommé Barbara, ancien capitaine de frégate de la marine napolitaine, fut nommé commandant en chef de l'expédition ; deux cents cinquante hommes furent engagés et invités à se tenir prêts à partir au premier signal. Murat n'attendait plus que les réponses aux lettres d'Othello ; elles arrivèrent dans la matinée du 28 : Murat invita tous les officiers à un grand dîner et fit donner double paye et double ration à ses hommes.

Le roi était au dessert lorsqu'on lui annonça l'arrivé de M. Maceroni : c'était un envoyé des puissances étrangères qui apportait à Murat la réponse qu'il avait attendue si longtemps à Toulon. Murat se leva de table, passa dans une chambre à côté : M. Maceroni se fit reconnaître comme chargé d'une mission officielle, et remit au roi l'ultimatum de l'empereur d'Autriche. Il était conçu en ces termes :

« M. Maceroni est autorisé par les présentes à prévenir le roi Joachim que sa majesté l'empereur d'Autriche lui accordera un asile dans ses états sous les conditions suivantes :

» 1° Le roi prendra un nom privé ; la reine

ayant adopté celui de Lipano, on propose au roi de prendre le même nom;

» 2° Il sera permis au roi de choisir une ville de la Bohême, de la Moravie, ou de la Haute-Autriche, pour y fixer son séjour : il pourra même sans inconvénient habiter une campagne dans ces mêmes provinces;

» 3° Le roi engagera sa parole d'honneur envers S. M. I. et R. qu'il n'abandonnera jamais les états autrichiens sans le consentement exprès de l'empereur, et qu'il vivra comme un particulier de distinction, mais soumis aux lois qui sont en vigueur dans les états autrichiens.

» En foi de quoi et afin qu'il en soit fait un usage convenable, le soussigné a reçu l'ordre de l'empereur de signer la présente déclaration.

» Donné à Paris le 1er septembre 1815.

» Signé le prince de Metternich. »

Murat sourit en achevant cette lecture, puis il fit signe à M. Maceroni de le suivre. Il le conduisit alors sur la terrasse de la maison, qui dominait toute la ville, et qui était dominée elle-même par sa bannière qui flottait comme sur un château royal : de là on pouvait voir Ajaccio toute joyeuse et illuminée, le port où se balançait la petite flottille et les rues encombrées de monde, comme en un jour de fête. A peine la foule eut-elle aperçu Murat, qu'un cri partit de toutes les bouches, vive Joachim ! vive le frère de Napoléon ! vive le roi de Naples ! Murat salua, et les cris redoublèrent, et la musique de la garnison fit entendre les airs nationaux. M. Maceroni ne savait s'il devait en croire ses yeux et ses oreilles; lorsque le roi eut joui de son étonnement, il l'invita à descendre au salon. Son état-major y était réuni en grand uniforme : on se serait cru à Caserte ou à Capodimonte. Enfin, après un instant d'hésitation, Maceroni se rapprocha de Murat.

— Sire, lui dit-il, quelle réponse dois-je faire à sa majesté l'empereur d'Autriche ?

— Monsieur, lui répondit Murat avec cette dignité hautaine qui allait si bien à sa belle figure, vous raconterez à mon frère François ce que vous avez vû et ce que vous avez entendu ; et puis vous ajouterez que je pars cette nuit même pour reconquérir mon royaume de Naples.

CHAPITRE III.

LE PIZZO.

III

LE PIZZO.

Les lettres qui avaient déterminé Murat à quitter la Corse lui avaient été apportées par un Calabrais nommé Luidgi : il s'était présenté au roi comme un envoyé de l'Arabe Othello, qui avait été jeté, comme nous l'avons dit, dans les prisons de Naples, ainsi que les personnes auxquelles les dépêches dont il était porteur avaient été adressées. Ces lettres, écrites par le ministre de la police de Naples, indiquaient à Joachim le port de la ville de Salerne comme le lieu le plus propre au débarquement; car le roi Ferdinand avait rassemblé sur ce point trois mille hommes de troupes autrichiennes, n'osant se fier aux soldats napolitains, qui avaient conservé de Murat un riche et brillant souvenir : ce fut donc vers le golfe de Salerne que la flottille se dirigea; mais, arrivée en vue de l'île de Caprée, elle fut assaillie par une violente tempête qui la chassa jusqu'à Paola, petit port situé à dix lieues de Cosenza. Les bâtimens passèrent en conséquence la nuit du 5 au 6 octobre dans une espèce d'échancrure du rivage qui ne mérite pas le nom de rade : le roi, pour ôter tout soupçon aux gardes des côtes et aux scorridori [1], siciliens, ordonna d'éteindre les feux et de louvoyer jusqu'au jour; mais vers une heure du matin il s'éleva de terre un vent si violent que l'expédition fut repoussée en haute mer, de sorte que le 6, à la

---

[1] Bâtimens légers armés en guerre.

pointe du jour, le bâtiment que montait le roi se trouva seul. Dans la matinée il rallia la felouque du capitaine Cicconi, et les deux navires mouillèrent à quatre heures de l'après-midi en vue de Santo-Lucido. Le soir le roi ordonna au chef de bataillon Ottaviani de se rendre à terre pour y prendre des renseignemens; Luidgi s'offrit pour l'accompagner, Murat accepta ses bons offices; Ottoviani et son guide se rendirent donc à terre, tandis qu'au contraire, Cicconi et sa felouque se remettaient en mer avec mission d'aller à la recherche du reste de la flotte.

Vers les onze heures de la nuit le lieutenant de quart sur le navire royal distingua au milieu des vagues un homme qui s'avançait en nageant vers le bâtiment : dès qu'il fut à la portée de la voix il le héla : aussitôt le nageur se fit reconnaître : c'était Luidgi, on lui envoya la chaloupe et il remonta à bord; alors il racconta que le chef de bataillon Ottaviani, avait été arrêté, et qu'il n'avait échappé lui-même à ceux qui le poursuivaient qu'en se jetant à la mer. Le premier mouvement de

Murat fut d'aller au secours d'Ottaviani ; mais Luidgi fit comprendre au roi le danger et l'inutilité de cette tentative ; néanmoins Joachim resta jusqu'à deux heures du matin agité et irrésolu. Enfin il donna l'ordre de reprendre le large. Pendant la manœuvre qui eut lieu à cet effet, un matelot tomba à la mer et disparut avant qu'on eût eu le temps de lui porter secours. Décidément les présages étaient sinistres.

Le 7 au matin on eut connaissance de deux bâtimens. Le roi ordonna aussitôt de se mettre en mesure de défense ; mais Barbara les reconnut pour être la felouque de Cicconi et la balancelle de Courrand qui s'étaient réunies et faisaient voile de conserve. On hissa les signaux et les deux capitaines se rallièrent à l'amiral.

Pendant qu'on délibérait sur la route à suivre, un canot aborda le bâtiment de Murat. Il était monté par le capitaine Pernice et un lieutenant sous ses ordres ; ils venaient demander au roi la permission de passer à son bord, ne voulant point rester à celui de Courrand, qui, à leur avis, trahissait. Murat l'envoya chercher, et, malgré ses protestations de dévouement, il le fit descendre avec cinquante hommes dans une chaloupe, et ordonna d'amarrer la chaloupe à son bâtiment. L'ordre fut exécuté aussitôt, et la petite escadre continua sa route, longeant, sans les perdre de vue, les côtes de la Calabre; mais à dix heures du soir, au moment où l'on se trouvait à la hauteur du golfe de Sainte-Euphémie, le capitaine Courrand coupa le câble qui le trainait à la remorque, et, faisant force de rames, il s'éloigna de la flottille. Murat s'était jeté sur son lit tout habillé : on le prévint de cet événement. Il s'élança aussitôt sur le pont, et arriva à temps encore pour voir la chaloupe, qui fuyait dans la direction de la Corse, s'enfoncer et disparaître dans l'ombre. Il demeura immobile, sans colère et sans cris; seulement il poussa un soupir et laissa tomber sa tête sur sa poitrine : c'était encore une feuille qui tombait de l'arbre enchanté de ses espérances.

Le général Franchescetti profita de cette

heure de découragement pour lui donner le conseil de ne point débarquer dans les Calabres et de se rendre directement à Trieste, afin de réclamer de l'Autriche l'asile qu'elle lui avait offert. Le roi était dans un de ces instants de lassitude extrême et d'abattement mortel où le cœur s'affaisse sur lui-même : il se défendit d'abord, et puis finit par accepter. En ce moment le général s'aperçut qu'un matelot, couché dans des enroulemens de câbles, se trouvait à portée d'entendre tout ce qu'il disait; il s'interrompit et le montra du doigt à Murat : celui-ci se leva, alla voir l'homme et reconnut Luidgi; accablé de fatigue, il s'était endormi sur le pont. La franchise de son sommeil rassura le roi, qui d'ailleurs avait toute confiance en lui. La conversation interrompue un instant se renoua donc : il fut convenu que, sans rien dire des nouveaux projets arrêtés, on franchirait le détroit de Messine, on doublerait le cap Spartivento, et qu'on entrerait dans l'Adriatique; puis le roi et le général redescendirent dans l'entrepont.

Le lendemain 8 octobre, on se trouvait à la

hauteur du Pizzo, lorsque Joachim int errogé par Barbara sur ce qu'il fallait faire, donna ordre de mettre le cap sur Messine; Barbara répondit qu'il était prêt à obéir, mais qu'il avait besoin d'eau et de vivres; en conséquence, il offrit de passer sur la felouque de Cicconi, et d'aller avec elle à terre pour y renouveler ses provisions! le roi accepta; Barbara lui demanda alors les passeports qu'il avait reçus des puissances alliées, afin, disait-il, de ne pas être inquiété par les autorités locales. Ces pièces étaient trop importantes pour que Murat consentît à s'en dessaisir; peut-être aussi le roi commençait-il à concevoir quelque soupçon : il refusa donc. Barbara insista; Murat lui ordonna d'aller à terre sans ces papiers; Barbara refusa positivement; le roi, habitué à être obéi, leva sa cravache sur le Maltais; mais en ce moment, changeant de résolution, il ordonna aux soldats de préparer leurs armes, aux officiers de revêtir leur grand uniforme, lui-même leur en donna l'exemple : le débarquement était décidé, et le Pizzo devait être le golfe Juan du nouveau Napoléon. En conséquence, les bâtimens se dirigèrent vers la terre. Le roi descendit dans une chaloupe avec vingt-huit soldats et trois domestiques, au nombre desquels était Luidgi. Arrivé près de la plage, le général Franchescetti fit un mouvement pour prendre terre, mais Murat l'arrêta : « C'est à moi de descendre le premier, » dit-il; et il s'élança sur le rivage. Il était vêtu d'un habit de général, avait un pantalon blanc avec des bottes à l'écuyère, une ceinture dans laquelle étaient passés deux pistolets, un chapeau brodé en or, dont la cocarde était retenue par une ganse formée de quatorze brillans; enfin il portait sous le bras la bannière autour de laquelle il comptait rallier ses partisans : dix heures sonnaient à l'horloge du Pizzo.

Murat se dirigea aussitôt vers la ville, dont il était éloigné de cent pas à peine, par le chemin pavé de larges dalles disposées en escalier qui y conduit. C'était un dimanche ; on allait commencer la messe, et toute la population était réunie sur la place lorsqu'il y arriva. Personne ne le reconnut, et chacun regardait avec étonnement ce brillant état-major, lorsqu'il vit parmi les paysans un ancien sergent qui avait servi dans sa garde de Naples. Il marcha droit à lui, et lui mettant la main sur l'épaule : « Tavella, lui dit-il, ne me reconnais-tu pas ? » Mais comme celui-ci ne faisait aucune réponse : « Je suis Joachim Murat; je suis ton roi, lui dit-il : à toi l'honneur de crier le premier vive Joachim! » La suite de Murat fit aussitôt retentir l'air de ses acclamations ; mais le Calabrais resta silencieux, et pas un de ses camarades ne répéta le cri dont le roi lui-même avait donné le signal; au contraire, une rumeur sourde courait par la multitude. Murat comprit ce frémissement d'orage : « Eh bien! dit-il à Tavella, si tu ne veux pas crier vive Joachim, vaau moins me chercher un cheval, et de sergent que tu étais je te fais capitaine. » Tavella s'éloigna sans répondre ; mais, au lieu d'accomplir l'ordre qu'il avait reçu, il rentra chez lui et ne reparut plus. Pendant ce temps la population s'amassait toujours sans qu'un signe amical annonçât à Murat la sympathie qu'il attendait : il sentit qu'il était perdu s'il ne prenait une résolution rapide. « A Monteleone!» s'écria-t-il en s'élançant le premier vers la route qui conduisait à cette ville. « A Monteleone! » répétèrent en le suivant ses officiers et ses soldats. Et la foule toujours silencieuse s'ouvrit pour les laisser passer.

Mais à peine avait-il quitté la place qu'une vive agitation se manifesta; un homme nommé Georges Pellegrino sortit de chez lui armé d'un fusil et traversa la place en courant et en criant: Aux armes! Il savait que le capitaine Trenta Capelli, qui commandait la gendarmerie de Cosenza, était en ce moment au Pizzo, et il allait le prévenir. Le cri aux armes eut plus d'écho dans cette foule que n'en avait eu celui de vive Joachim. Tout Calabrais a un fusil, chacun courut chercher le sien, et, lorsque Trenta Capelli et Pellegrino revinrent sur la place, ils trouvèrent près de deux cents hommes armés; ils se mirent à leur tête et s'élancèrent aussitôt à la poursuite du roi; ils le rejoignirent à dix minutes de chemin à peu près de la place, à l'endroit où est aujourd'hui le pont. Murat en les voyant venir s'arrêta et les attendit.

Trenta Capelli s'avança alors le sabre à la main vers le roi : —Monsieur, lui dit celui-ci, voulez-vous troquer vos épaulettes de capitaine contre des épaulettes de général? « Criez vive Joachim! et suivez-moi avec ces braves gens à Monteleone.

—Sire, répondit Trenta Capelli, nous sommes tous fidèles sujets du roi Ferdinand, et nous venons pour vous combattre et non pour vous accompagner : rendez-vous donc si vous voulez prévenir l'effusion du sang.

Murat regarda le capitaine de gendarmerie avec une expression impossible à rendre; puis, sans daigner lui répondre, il lui fit signe d'une main de s'éloigner, tandis qu'il portait l'autre à la crosse de l'un de ses pistolets. Georges Pellegrino vit le mouvement.

—Ventre à terre, capitaine! ventre à terre! cria-t-il. Le capitaine obéit, aussitôt une balle passa en sifflant au-dessus de sa tête et alla effleurer les cheveux de Murat.

— Feu! ordonna Franchescetti.

— Armes à terre! cria Murat; et, secouant de sa main droite son mouchoir, il fit un pas pour s'avancer vers les paysans; mais au même instant une décharge générale partit : un officier et deux ou trois soldats tombèrent. En pareille circonstance, quand le sang a commencé de couler, il ne s'arrête pas. Murat savait cette fatale vérité: aussi son parti fut-il pris, rapide et décisif. Il avait devant lui cinq cents hommes armés, et derrière lui un précipice de trente pieds de hauteur : il s'élança du rocher à pic sur lequel il se trouvait, tomba dans le sable, et se releva sans être blessé; le général Franchescetti et son aide-de-camp Campana firent avec le même bonheur le même saut que lui, et tous trois descendirent rapidement vers la mer, à travers un petit bois qui s'étend jusqu'à cent pas du rivage, et qui les déroba un instant à la vue de leurs ennemis. A la sortie de ce bois, une nouvelle décharge les accueillit, les balles sifflèrent autour d'eux, mais n'atteignirent personne, et les trois fugitifs continuèrent leur course vers la plage.

Ce fut alors seulement que le roi s'aperçut

que le canot qui l'avait déposé à terre était reparti. Les trois navires qui composaient sa flottille, loin d'être restés pour protéger son débarquement, avaient repris la mer et s'éloignaient à pleines voiles. Le Maltais Barbara emportait non seulement la fortune de Murat, mais encore son espoir, son salut, sa vie : c'était à n'y pas croire à force de trahison. Aussi le roi prit-il cet abandon pour une simple manœuvre, et, voyant une barque de pêcheur tirée au rivage sur des filets étendus, il cria à ses deux compagnons : —La barque à la mer !

Tous alors commencèrent à la pousser pour la mettre à flot, avec l'énergie du désespoir, avec les forces de l'agonie. Personne n'avait osé franchir le rocher pour se mettre à leur poursuite, et leurs ennemis, forcés de prendre un détour, leur laissaient quelques instans de liberté. Mais bientôt des cris se firent entendre : Georges Pellegrino, Trenta Capelli, suivis de toute la population du Pizzo, débouchèrent à cent cinquante pas à peu près de l'endroit où Murat, Franchescetti et Campana s'épuisaient en efforts pour faire glisser la barque sur le sable. Ces cris furent immédiatement suivis d'une décharge générale. Campana tomba : une balle venait de lui traverser la poitrine. Cependant la barque était à flot : le général Franchescetti s'élança dedans; Murat voulut le suivre, mais il ne s'était point aperçu que les éperons de ses bottes à l'écuyère étaient embarrassés dans les mailles du filet. La barque, cédant à l'impulsion donnée par lui, se déroba sous ses mains, et le roi tomba les pieds sur la plage et le visage dans la mer. Avant qu'il eût le temps de se relever, la population s'était ruée sur lui : en un instant elle lui arracha ses épaulettes, sa bannière et son habit, et elle allait le mettre en morceaux lui-même, si Georges Pellegrino et Trenta Capelli, prenant sa vie sous leur protection, ne lui avaient donné le bras de chaque côté, en le défendant à leur tour contre la populace. Il traversa ainsi en prisonnier la place qu'une heure auparavant il abordait en roi. Ses conducteurs le menèrent au château; on le poussa dans la prison commune, on referma la porte sur lui, et le roi se trouva au milieu des voleurs et des assassins, qui, ne sachant pas qui il était, et le prenant pour un compagnon de crimes, l'accueillirent par des injures et des huées.

Un quart d'heure après la porte du cachot se rouvrit, le commandant Mattei entra : il trouva Murat debout, les bras croisés, la tête haute et fière. Il y avait une expression de grandeur indéfinissable dans cet homme à demi nu, et dont la figure était souillée de boue et de sang. Il s'inclina devant lui.

— Commandant, lui dit Murat reconnaissant son grade à ses épaulettes, regardez autour de vous, et dites si c'est là une prison à mettre un roi !

Alors une chose étrange arriva : ces hommes du crime, qui, croyant Murat un de leurs complices, l'avaient accueilli avec des vociférations et des rires, se courbèrent devant la majesté royale, que n'avaient point respectée Pellegrino et Trenta Capelli, et se retirèrent silencieux au plus profond de leur cachot. Le malheur venait de donner un nouveau sacre à Joachim.

Le commandant Mattéi murmura quelques excuses, et invita Murat à le suivre dans une chambre qu'il venait de lui faire préparer; mais, avant de sortir, Murat fouilla à sa poche, en tira une poignée d'or, et la laissant tomber comme une pluie au milieu du cachot :

— Tenez, dit-il en se retournant vers les prisonniers, il ne sera pas dit que vous avez reçu la visite d'un roi, tout captif et découronné qu'il est, sans qu'il vous ait fait largesse.

— Vive Joachim! crièrent les prisonniers.

Murat sourit amèrement. Ces mêmes paroles, répétées par un pareil nombre de voix, il y a une heure, sur la place publique, au lieu de retentir maintenant dans une prison, le faisaient roi de Naples! Les résultats les plus importans sont amenés parfois par des causes si minimes qu'on croirait que Dieu et Satan jouent aux dés la vie ou la mort des hommes, l'élévation ou la chute des empires.

Murat suivit le commandant Mattei : il le

conduisit dans une petite chambre qui appartenait au concierge, et que celui-ci céda au roi. Il allait se retirer, lorsque Murat le rappela :

— Monsieur le commandant, lui dit-il, je désire un bain parfumé.
— Sire, la chose est difficile.
— Voilà cinquante ducats ; qu'on achète toute l'eau de Cologne qu'on trouvera. Ah ! que l'on m'envoie des tailleurs.
— Il sera impossible de trouver ici des hommes capables de faire autre chose que des costumes du pays.
— Qu'on aille à Monteleone, et qu'on me ramène ici tous ceux qu'on pourra réunir.

Le commandant s'inclina et sortit.

Murat était au bain lorsqu'on lui annonça la visite du chevalier Alcala, général du prince de l'Infantado et gouverneur de la ville. Il faisait apporter des couvertures de damas, des draps et des fauteuils. Murat fut sensible à cette attention, et il en reprit une nouvelle sérénité.

Le même jour, à deux heures, le général Nunziante arriva de Saint-Tropea avec trois mille hommes. Murat revit avec plaisir une vieille connaissance ; mais, au premier mot, le roi s'aperçut qu'il était devant un juge, et que sa présence avait pour but, non pas une simple visite, mais un interrogatoire en règle. Murat se contenta de répondre qu'il se rendait de Corse à Trieste en vertu d'un passeport de l'empereur d'Autriche, lorsque la tempête et le défaut de vivres l'avaient forcé de relâcher au Pizzo. A toutes les autres questions, Murat opposa un silence obstiné ; puis enfin, fatigué de ses instances : — Général, lui dit-il, pouvez-vous me prêter des habits, afin que je sorte du bain ?

Le général comprit qu'il n'avait rien à attendre de plus, salua le roi et sortit. Dix minutes après Murat reçut un uniforme complet ; il le revêtit aussitôt, demanda une plume et de l'encre, écrivit au général en chef des troupes autrichiennes à Naples, à l'ambassadeur d'Angleterre et à sa femme, pour les informer de sa détention au Pizzo. Ces dépêches terminées, il se leva, marcha quelque temps avec agitation dans la chambre; puis enfin, éprouvant le besoin d'air, il ouvrit la fenêtre. La vue s'étendait sur la plage même où il avait été arrêté.

Deux hommes creusaient un trou dans le sable au pied de la petite redoute ronde. Murat les regarda faire machinalement. Lorsque ces deux hommes eurent fini, ils entrèrent dans une maison voisine, et bientôt ils en sortirent portant entre leurs bras un cadavre. Le roi rappela ses souvenirs, et il lui sembla en effet qu'il avait, au milieu de cette scène terrible, vu tomber quelqu'un auprès de lui; mais il ne savait plus qui. Le cadavre était complétement nu; mais à ses longs cheveux noirs, à la jeunesse de ses formes, le roi reconnut Campana : c'était celui de ses aides-de-camp qu'il aimait le mieux. Cette scène, vue à l'heure du crépuscule, vue de la fenêtre d'une prison; cette inhumation dans la solitude, sur cette plage, dans le sable, émurent plus fortement Murat que n'avaient pu le faire ses propres infortunes. De grosses larmes vinrent au bord de ses yeux et coulèrent silencieusement sur sa face de lion. En ce moment le général Nunziante rentra, et le surprit les bras tendus, le visage baigné de pleurs. Murat entendit du bruit, se retourna, et voyant l'étonnement du vieux soldat : — Oui, général, lui dit-il, oui, je pleure. Je pleure sur cet enfant de vingt-quatre ans, que sa famille m'avait confié, et dont j'ai causé la mort ; je pleure sur cet avenir vaste, riche et brillant, qui vient de s'éteindre dans une fosse ignorée, sur une terre ennemie, sur un rivage hostile. O Campana ! Campana ! si jamais je remonte sur le trône, je te ferai élever un tombeau royal !

Le général avait fait préparer un dîner dans la chambre attenante à celle qui servait de prison au roi : Murat l'y suivit, se mit à table, mais ne put manger. Le spectacle auquel il venait d'assister lui avait brisé le cœur ; et cependant cet homme avait parcouru sans froncer le sourcil les champs de bataille d'Aboukir, d'Eylau et de la Moskowa!

Après le dîner Murat rentra dans sa chambre, remit au général Nunziante les diverses lettres qu'il avait écrites, et le pria de le laisser seul. Le général sortit.

Murat fit plusieurs fois le tour de sa chambre, se promenant à grands pas et s'arrêtant de temps en temps devant la fenêtre, mais sans l'ouvrir. Enfin il parut surmonter une répugnance profonde, porta la main sur l'espagnolette et tira la croisée à lui. La nuit était calme, on distinguait toute la plage. Il chercha des yeux la place où était enterré Campana : deux chiens qui grattaient la tombe la lui indiquèrent. Le roi repoussa la fenêtre avec violence, et se jeta tout habillé sur son lit. Enfin, craignant qu'on attribuât son agitation à une crainte personnelle, il se dévêtit, se coucha et dormit, ou parut dormir toute la nuit.

Le 9 au matin les tailleurs que Murat avait

demandés arrivèrent. Il leur commanda force
habits, dont il prit la peine de leur expliquer
les détails avec sa fastueuse fantaisie. Il était
occupé de ce soin lorsque le général Nunziante
entra. Il écouta tristement les ordres que
donnait le roi : il venait de recevoir les dépêches télégraphiques qui ordonnaient au général de faire juger le roi de Naples, comme
ennemi public, par une commission militaire.
Mais celui-ci trouva le roi si confiant, si tranquille et presque si gai, qu'il n'eut pas le courage de lui annoncer la nouvelle de sa mise en
jugement; il prit même sur lui de retarder
l'ouverture de la commission militaire jusqu'à
ce qu'il eût reçu une dépêche écrite. Elle arriva le 12 au soir. Elle était conçue en ces
termes :

Naples, 9 octobre 1815.

« Ferdinand, par la grâce de Dieu, etc.,
avons décrété et décrétons ce qui suit :

» Art. 1er. Le général Murat sera traduit
devant une commission militaire, dont les
membres seront nommés par notre ministre
de la guerre.

» Art. 2. Il ne sera accordé au condamné

qu'une demi-heure pour recevoir les secours de la religion.

» *Signé* Ferdinand. »

Un autre arrêté du ministre contenait les noms des membres de la commission; c'étaient :

Giuseppe Fasculo, adjudant, commandant et chef de l'état-major, président;
Raffaello Scalfaro, chef de la légion de la Calabre inférieure;
Laterco Natati, lieutenant-colonel de la marine royale;
Gennaro Lanzetta, lieutenant-colonel du corps du génie;
W. T., capitaine d'artillerie;
François de Vengé, idem.
Francesco Martellari, lieutenant d'artillerie;
Francesco Froio, lieutenant au 3e régiment;
Giovanni della Camera, procureur général au tribunal criminel de la Calabre inférieure;
Et Francesco Papavassi, greffier.

La commission s'assembla dans la nuit. Le 13 octobre, à six heures du matin, le capitaine Stratti entra dans la prison du roi, il dormait profondément : Stratti allait sortir, lorsqu'en marchant vers la porte il heurta une chaise ; ce bruit réveilla Murat.—Que me voulez-vous, capitaine ? demanda le roi.

Stratti voulut parler, mais la voix lui manqua.

— Ah ! ah ! dit Murat, il paraît que vous avez reçu des nouvelles de Naples ?...
— Oui, sire, murmura Stratti.
— Qu'annoncent-elles ? dit Murat.
— Votre mise en jugement, sire.
— Et par qui l'arrêt sera-t-il prononcé, s'il vous plaît ? Où trouvera-t-on des pairs pour me juger ? Si l'on me considère comme un roi, il faut assembler un tribunal de rois ; si l'on me considère comme un maréchal de France, il me faut une cour de maréchaux, et si on me considère comme général, et c'est le moins qu'on puisse faire, il me faut un jury de généraux.
— Sire, vous êtes déclaré ennemi public,

et comme tel vous êtes passible d'une commission militaire ; c'est la loi que vous avez rendue vous-même contre les rebelles.

— Cette loi fut faite pour des brigands, et non pour des têtes couronnées, monsieur, dit dédaigneusement Murat. Je suis prêt, que l'on m'assassine, c'est bien ; je n'aurais pas cru le roi Ferdinand capable d'une pareille action.

— Sire, ne voulez-vous pas connaître la liste de vos juges ?

— Si fait, monsieur, si fait ; ce doit être une chose curieuse : lisez, je vous écoute.

Le capitaine Stratti lut les noms que nous avons cités. Murat les entendit avec un sourire dédaigneux.

— Ah ! continua-t-il lorsque le capitaine eut achevé, il paraît que toutes les précautions sont prises ?

— Comment cela, sire ?

— Oui, ne savez-vous pas que tous ces hommes, à l'exception du rapporteur Francesco Froio, me doivent leurs grades ; ils auront peur d'être accusés de reconnaissance, et, moins une voix peut-être, l'arrêt sera unanime.

— Sire, si vous paraissiez devant la commission, si vous plaidiez vous-même votre cause ?

— Silence monsieur, silence, dit Murat.... Pour que je reconnaisse les juges que l'on m'a nommés, il faudrait déchirer trop de pages de l'histoire; un tel tribunal est incompétent, et j'aurais honte de me présenter devant lui ; je sais que je ne puis sauver ma vie, laissez-moi sauver au moins la dignité royale.

En ce moment le lieutenant Francesco Froio entra pour interroger le prisonnier, et lui demanda ses noms, son âge, sa patrie. A ces questions, Murat se leva avec une expression de dignité terrible : — Je suis Joachim Napoléon, roi des deux Siciles, lui répondit-il, et je vous ordonne de sortir. — Le rapporteur obéit.

Alors Murat passa un pantalon seulement, et demanda à Stratti s'il pouvait adresser des adieux à sa femme et à ses enfans. Celui-ci, ne pouvant plus parler, répondit par un geste affirmatif; aussitôt Joachim s'assit à une table, et écrivit cette lettre [1] :

« Chère Caroline de mon cœur,

» L'heure fatale est arrivée, je vais mourir du dernier des supplices; dans une heure tu n'auras plus d'époux, et nos enfans n'auront plus de père : souvenez-vous de moi et n'oubliez jamais ma mémoire.

» Je meurs innocent, et la vie m'est enlevée par un jugement injuste.

» Adieu, mon Achille; adieu, ma Lætitia; adieu, mon Lucien; adieu, ma Louise.

» Montrez-vous dignes de moi; je vous laisse sur une terre et dans un royaume pleins de mes ennemis : montrez-vous supérieurs à l'adversité, et souvenez-vous de ne pas vous croire plus que vous n'êtes, en songeant à ce que vous avez été.

» Adieu; je vous bénis. Ne maudissez jamais ma mémoire. Rappelez-vous que la plus grande

---

[1] Nous pouvons en garantir l'authenticité, l'ayant transcrite nous-même au Pizzo sur la copie qu'avait conservée de l'original le chevalier Alcala.

douleur que j'éprouve dans mon supplice est celle de mourir loin de mes enfans, loin de ma femme, et de n'avoir aucun ami pour me fermer les yeux.

» Adieu, ma Caroline; adieu, mes enfans; recevez ma bénédiction paternelle, mes tendres larmes et mes derniers baisers.

» Adieu, adieu; n'oubliez pas votre malheureux père.

» Pizzo, ce 13 octobre 1815.

» JOACHIM MURAT. »

Alors il coupa une boucle de ses cheveux et la mit dans la lettre : en ce moment le général Nunziante entra ; Murat alla à lui et lui tendit la main : — Général, lui dit-il, vous êtes père, vous êtes époux, vous saurez un jour ce que c'est que de quitter sa femme et ses fils : jurez-moi que cette lettre sera remise.

— Sur mes épaulettes, dit le général [1] en s'essuyant les yeux.

— Allons, allons, du courage, général, dit

[1] Cette lettre n'est jamais parvenue à madame Murat.

Murat : nous sommes soldats, nous savons ce que c'est que la mort. Une seule grâce : vous me laisserez commander le feu, n'est-ce pas ? Le général fit signe de la tête que cette dernière faveur lui serait accordée; en ce moment le rapporteur entra, la sentence du roi à la main. Murat devina ce dont il s'agissait : — Lisez, monsieur, lui dit-il froidement, je vous écoute.—Le rapporteur obéit. Murat ne s'était pas trompé : il y avait eu, moins une voix, unanimité pour la peine de mort.

Lorsque la lecture fut finie, le roi se retourna vers Nunziante : — Général, lui dit-il, croyez que je sépare, dans mon esprit, l'instrument qui me frappe de la main qui le dirige. Je n'aurais pas cru que Ferdinand m'eût fait fusiller comme un chien : il ne recule pas devant cette infamie ! c'est bien, n'en parlons plus. J'ai récusé mes juges, mais non pas mes bourreaux. Quelle est l'heure que vous désignez pour mon exécution ? — Fixez-la vous-même, sire, dit le général.

Murat tira de son gousset une montre sur

laquelle était le portrait de sa femme ; le hasard fit qu'elle était tournée de manière que ce fut le portrait et non le cadran qu'il amena devant ses yeux ; il le regarda avec tendresse :

— Tenez, général, dit-il en le montrant à Nunziante, c'est le portrait de la reine, vous la connaissez ; n'est-ce pas qu'elle est bien ressemblante ?

Le général détourna la tête. Murat poussa un soupir et remit la montre dans son gousset.

— Eh bien ! sire, dit le rapporteur, quelle heure fixez-vous ?
— Ah ! c'est juste, dit Murat en souriant ; j'avais oublié pourquoi j'avais tiré ma montre en voyant le portrait de Caroline. — Alors il regarda sa montre de nouveau, mais cette fois du côté du cadran.—Eh bien ! ce sera pour quatre heures, si vous voulez ; il est trois heures passées, c'est cinquante minutes que je vous demande ; est-ce trop, monsieur ?

Le rapporteur s'inclina et sortit. Le général voulut le suivre.

— Ne vous reverrai-je plus, Nunziante? dit Murat.

— Mes ordres m'enjoignent d'assister à votre mort, sire; mais je n'en aurai pas la force.

— C'est bien, général, c'est bien; je vous dispense d'être là au dernier moment; mais je désire vous dire adieu encore une fois et vous embrasser.

— Je me trouverai sur votre route, sire.

— Merci. Maintenant laissez-moi seul.

— Sire, il y a là deux prêtres. — Murat fit un signe d'impatience. — Voulez-vous les recevoir? continua le général.

— Oui, faites-les entrer.

Le général sortit. Un instant après les deux prêtres parurent au seuil de la porte : l'un se nommait don Francesco Pellegrino : c'était l'oncle de celui qui avait causé la mort du roi; et l'autre don Antonio Masdea.

— Que venez-vous faire ici? leur dit Murat.

— Vous demander si vous voulez mourir en chrétien.

— Je mourrai en soldat. Laissez-moi.

Don Francesco Pellegrino se retira. Sans doute, il était mal à l'aise devant Joachim. Quant à Antonio Masdea, il resta sur la porte.

— Ne m'avez-vous pas entendu? dit le roi.
— Si fait, répondit le vieillard; mais permettez-moi, sire, de ne pas croire que c'est votre dernier mot. Ce n'est pas pour la première fois que je vous vois et que je vous implore; j'ai déjà eu l'occasion de vous demander une grâce.
— Laquelle?
— Lorsque votre majesté vint au Pizzo, en 1810, je lui demandai 25,000 francs pour faire achever notre église; votre majesté m'en envoya 40,000.
— C'est que je prévoyais que j'y serais enterré, répondit en souriant Murat.
— Eh bien! sire, j'aime à croire que vous ne refuserez pas plus ma seconde prière que

vous ne m'avez refusé la première. Sire, je vous le demande à genoux.

Le vieillard tomba aux pieds de Murat.

— Mourez en chrétien !
— Cela vous fera donc bien plaisir? dit le roi.
— Sire, je donnerais le peu de jours qui me restent pour obtenir de Dieu que son esprit vous visitât à votre dernière heure.
— Eh bien! dit Murat, écoutez ma confession : Je m'accuse, étant enfant, d'avoir désobéi à mes parens; depuis que je suis devenu un homme, je n'ai jamais eu d'autre chose à me reprocher.
— Sire, me donnerez-vous une attestation que vous mourez dans la religion chrétienne?
— Sans doute, dit Murat; et il prit une plume et écrivit :

« Moi, Joachim Murat, je meurs en chré-
» tien, croyant à la sainte Église catholique,
» apostolique et romaine. » Et il signa.

— Maintenant, mon père, continua le roi, si vous avez une troisième grâce à me demander, hâtez-vous, car dans une demi-heure il ne serait plus temps. En effet, l'horloge du château sonna en ce moment trois heures et demie.

Le prêtre fit signe que tout était fini.
— Laissez-moi donc seul, dit Murat. Le vieillard sortit.

Murat se promena quelques minutes à grands pas dans la chambre; puis il s'assit sur son lit et laissa tomber sa tête dans ses deux mains. Sans doute, pendant le quart d'heure où il resta ainsi absorbé dans ses pensées, il vit repasser devant lui sa vie tout entière, depuis l'auberge d'où il était parti jusqu'au palais où il était entré; sans doute, son aventureuse carrière se déroula, pareille à un rêve doré, à un mensonge brillant, à un conte des *Mille et une Nuits.* Comme un arc-en-ciel il avait brillé pendant un orage, et comme un arc-en-ciel ses deux extrémités se perdaient dans les nuages de sa naissance et de sa mort. Enfin il sortit de sa contemplation intérieure et releva son front pâle mais tranquille. Alors il s'approcha d'une glace, arrangea ses cheveux : son caractère étrange ne le quittait pas. Fiancé de la mort, il se faisait beau pour elle.

Quatre heures sonnèrent.

Murat alla lui-même ouvrir la porte.

Le général Nunziante l'attendait.

— Merci, général, lui dit Murat : vous m'avez tenu parole; embrassez-moi, et retirez-vous ensuite, si vous le voulez.

Le général se jeta dans les bras du roi en pleurant et sans pouvoir prononcer une parole :

— Allons, du courage, lui dit Murat; vous voyez bien que je suis tranquille.

C'était cette tranquillité qui brisait le courage du général! il s'élança hors du corridor et sortit du château en courant comme un insensé.

Alors le roi marcha vers la cour; tout était prêt pour l'exécution. Neuf hommes et un caporal étaient rangés en ligne devant la porte de la chambre du conseil; devant eux était un mur de douze pieds de haut; trois pas avant ce mur était un seuil d'un seul degré : Murat alla se placer sur cet escalier, qui lui faisait dominer d'un pied à peu près les soldats chargés de son exécution. Arrivé là, il tira sa montre, baisa le portrait de sa femme, et, les yeux fixés sur lui, il commanda la charge des armes. Au mot feu, cinq des neuf hommes tirèrent : Murat resta debout. Les soldats avaient eu honte de tirer sur leur roi, ils avaient visé au-dessus de sa tête.

Ce fut peut-être en ce moment qu'éclata le plus magnifiquement ce courage de lion, qui était la vertu particulière de Murat; pas un trait de son visage ne s'altéra, pas un muscle de son corps ne faiblit; seulement regardant les soldats avec une expression de reconnaissance amère :

— Merci, mes amis, leur dit-il ; mais, comme tôt ou tard vous serez obligés de viser juste, ne prolongez pas mon agonie. Tout ce que je vous demande, c'est de viser au cœur et d'épargner la figure. Recommençons.

Et avec la même voix, avec le même calme, avec le même visage, il répéta les paroles mortelles les unes après les autres, sans lenteur, sans précipitation, et comme il eût commandé une simple manœuvre ; mais cette fois, plus heureux que la première, au mot feu, il tomba percé de huit balles, sans faire un mouvement, sans pousser un soupir, sans lâcher la montre qu'il tenait serrée dans sa main gauche [1].

Les soldats ramassèrent le cadavre, le couchèrent sur le lit où, dix minutes auparavant,

[1] Madame Murat a racheté cette montre 300 louis.

il était assis, et le capitaine mit une garde à la porte.

Le soir un homme se présenta pour entrer dans la chambre mortuaire : la sentinelle lui en refusa l'entrée; mais cet homme demanda à parler au commandant du château. Conduit devant lui, il lui montra un ordre. Le commandant le lut avec une surprise mêlée de dégoût; puis, la lecture achevée, il le conduisit jusqu'à la porte qu'on lui avait refusée.

— Laissez passer le seigneur Luidgi, dit-il à la sentinelle. La sentinelle présenta les armes à son commandant. Luidgi entra.

Dix minutes s'étaient à peine écoulées, lorsqu'il sortit tenant à la main un mouchoir ensanglanté : dans ce mouchoir était un objet que la sentinelle ne put reconnaître.

Une heure après, un menuisier apporta le cercueil qui devait renfermer les restes du roi. L'ouvrier entra dans la chambre; mais presque aussitôt il appela la sentinelle avec un accent indicible d'effroi. Le soldat entrebâilla la porte pour regarder ce qui avait pu causer la terreur de cet homme. Le menuisier lui montra du doigt un cadavre sans tête.

A la mort du roi Ferdinand on retrouva dans une armoire secrète de sa chambre à coucher cette tête conservée dans de l'esprit-de-vin (1).

Huit jours après l'exécution du Pizzo, chacun avait déjà reçu sa récompense : Trenta Capelli était fait colonel, le général Nunziante était créé marquis, et Luidgi était mort empoisonné.

(1) Comme je ne crois pas aux atrocités sans motifs, je demandai au général T. la raison de celle-ci : il me répondit que, comme Murat avait été jugé et fusillé dans un coin perdu de la Calabre, le roi de Naples craignait toujours que quelque aventurier ne se présentât sous le nom de Joachim : on lui eût répondu alors en lui montrant la tête de Murat.

LA SALLE D'ARMES.

Ces détails m'étaient d'autant plus précieux que je comptais, dans quelques mois, partir pour l'Italie et visiter moi-même les lieux qui avaient servi de théâtre aux principales scènes que nous venons de raconter; aussi, en reportant le manuscrit au général T., usai-je largement de la permission qu'il m'avait donnée de mettre à contribution ses souvenirs sur les lieux qu'il avait visités ; on retrouvera donc dans mon voyage d'Italie une foule de détails recueillis par moi, il est vrai, mais dont je dois les indications à son obligeance. Cependant mon consciencieux cicérone m'abandonna à la pointe de la Calabre, et ne voulut jamais traverser le détroit. Quoique exilé deux ans à Lipari, et en vue de ses côtes, il n'avait jamais mis le pied en Sicile, et craignait, en sa qualité de Napolitain, de ne pouvoir se soustraire, en m'en parlant, à l'influence de la haine que les deux peuples ont l'un pour l'autre.

Je m'étais donc mis en quête d'un réfugié sicilien, nommé Palmieri, que j'avais rencontré autrefois, mais dont j'avais perdu l'adresse, et qui venait de publier deux excellens volumes de souvenirs, afin de me procurer sur son île si poétique et si inconnue ces renseignemens généraux et ces désignations particulières qui posent d'avance les bornes milliaires d'un voyage, lorsqu'un soir nous vîmes arriver, faubourg Montmartre, n. 4, le général T. avec Bellini, auquel je n'avais pas songé, et qu'il m'amenait pour compléter mon itinéraire. Il ne faut pas demander comment fut reçu dans notre réunion tout artistique, où souvent le fleuret n'était qu'un prétexte emprunté par la plume ou le pinceau, l'auteur de *la Somnambule* et de *la Norma*. Bellini était de Catane : la première chose qu'avaient vue ses yeux en s'ouvrant étaient ces flots qui, après avoir baigné les murs d'Athènes, viennent mourir mélodieusement aux rivages d'une autre Grèce, et cet Etna fabuleux et antique, aux flancs duquel vivent encore, après dix-huit cents ans, la mythologie d'Ovide et les récits de Virgile; aussi Bellini était-il une des natures les plus poétiques qu'il fût possible de rencontrer; son talent même, qu'il faut apprécier avec le sentiment et non juger avec la science, n'est qu'un chant éternel, doux et mélancolique comme un souvenir, un écho pareil à celui qui dort dans les bois et les montagnes, et qui murmure à peine tant que ne le vient pas l'éveiller le cri des passions et de la douleur. Bellini était donc l'homme qu'il me fallait : il avait quitté la Sicile jeune encore, de sorte qu'il lui était resté de son île natale cette mémoire grandissante que conserve religieusement, transporté loin des lieux où il a été élevé, le souvenir poétique de l'enfant. Syracuse, Agrigente, Palerme, se déroulèrent ainsi sous mes yeux, magnifique panorama inconnu alors pour moi, et éclairé par les lueurs de son imagination; puis enfin, passant des détails topographiques aux mœurs du pays, sur lesquelles je ne me lassais pas de l'interroger : — Tenez, me dit-il, n'oubliez pas de faire une chose lorsque vous irez de Palerme à Messine, soit par mer, soit par terre : arrêtez-vous au petit village de Bauso, près de la pointe du cap Blanc; en face de l'auberge vous trouvez une rue qui va en montant, et qui est terminée à droite par un petit château en forme de citadelle; aux murs de ce château il y a deux cages, l'une vide, l'autre dans laquelle blanchit depuis vingt ans une tête de mort. Demandez au premier passant venu l'histoire de l'homme à qui a appartenu cette tête, et vous aurez un de ces récits complets, qui déroulent toute une société, depuis la montagne jusqu'à la ville, depuis le paysan jusqu'au grand seigneur.

— Mais répondis-je à Bellini, ne pourriez-vous pas vous-même nous raconter cette histoire ? à la manière dont vous en parlez on voit que vous en avez gardé un profond souvenir.

— Je ne demanderais pas mieux, me dit-il, car Pascal Bruno, qui en est le héros, est mort l'année même de ma naissance, et j'ai été bercé tout enfant avec cette tradition populaire, encore vivante aujourd'hui, j'en suis sûr : mais comment ferai-je, avec mon mauvais français, pour me tirer d'un pareil récit ?

— N'est-ce que cela ? répondis-je ; nous entendons tous l'italien, parlez-nous la langue de Dante, elle en vaut bien une autre.

— Eh bien ! soit, reprit Bellini en me tendant la main, mais à une condition.

— Laquelle ?

— C'est qu'à votre retour, quand vous aurez vu les localités, quand vous vous serez retrempé au milieu de cette population sauvage et de cette nature pittoresque, vous me ferez un opéra de Pascal Bruno.

— Pardieu, c'est chose dite, m'écriai-je en lui tendant la main.

Et Bellini raconta l'histoire qu'on va lire.

Six mois après je partis pour l'Italie, je visitai la Calabre, j'abordai en Sicile, et ce que je voyais toujours comme le point désiré, comme le but de mon voyage, au milieu de tous les grands souvenirs, c'était cette tradition populaire que j'avais entendue de la bouche du musicien-poëte, et que je venais chercher de huit cents lieues ; enfin j'arrivai à Bauso, je vis l'auberge, je montai dans la rue, j'aperçus les deux cages de fer, dont l'une était vide et l'autre pleine.

Puis je revins à Paris après un an d'absence ; alors, me souvenant de l'engagement pris et de la promesse à accomplir, je cherchai Bellini.

Je trouvai une tombe.

PASCAL BRUNO.

I

Il en est des villes comme des hommes; le hasard préside à leur fondation ou à leur naissance, et l'emplacement topographique où l'on bâtit les unes, la position sociale dans laquelle naissent les autres, influent en bien ou en mal sur toute leur existence: j'ai vu de nobles cités si fières, qu'elles avaient voulu dominer tout ce qui les entourait, si bien que quelques maisons à peine avaient osé s'établir au sommet de la montagne où elles avaient posé leurs fondemens : aussi restaient-elles toujours hautaines et pauvres, cachant dans les nuages leurs fronts crénelés et incessamment battus fpar les orages de l'été et par les tempêtes de l'hiver. On eût dit des reines exilées, suivies seulement de quelques courtisans de leur infortune, et trop dédaigneuses pour s'abaisser à venir demander à la plaine un peuple et un royaume. J'ai vu de petites villes si humbles qu'elles s'étaient réfugiées au fond d'une vallée, qu'elles y avaient bâti au bord d'un ruisseau leurs fermes, leurs moulins et leurs chaumières, qu'abritées par des collines, qui les garantissaient du chaud et du froid, elles y coulaient une vie ignorée et tranquille, pareille à celle de ces hommes sans ardeur et sans ambition, que tout bruit effraie, que toute lumière éblouit, et pour lesquels il n'est de bonheur que dans l'ombre et le silence. Il y en a d'autres qui ont commencé par être un chétif village au bord de la mer et qui petit à petit, voyant les navires succéder aux barques et les vaisseaux aux navires, ont changé leurs chaumières en maisons et leurs maisons en palais; si bien qu'aujourd'hui l'or du Potose et les diamans de l'Inde affluent dans leur port, et qu'elles font sonner leurs ducats et étalent leurs parures, comme ces parvenus qui nous éclaboussent avec leurs équipages et nous font insulter par leurs valets. Enfin il y en a encore qui s'étaient richement élevées d'abord au milieu de prairies riantes, qui marchaient sur des tapis bariolés de fleurs, auxquelles on arrivait par des sentiers capricieux et pittoresques, à qui l'on eût prédit de longues et prospères destinées, et qui tout-à-coup ont vu leur existence menacée par une ville rivale, qui, surgissant au bord d'une grande route, attirait à elle commerçans et voyageurs, et laissait la pauvre isolée dépérir lentement comme une jeune fille dont un amour solitaire tarit les sources de la vie. Voilà pourquoi on se prend de sympathie ou de répugnance, d'amour ou de haine, pour telle ou telle ville comme pour telle ou telle personne; voilà ce qui fait qu'on donne à des pierres froides et inanimées des épithètes qui n'appartiennent qu'à des êtres vivans et humains; que l'on dit

Messine la noble, Syracuse la fidèle, Girgenti la magnifique, Trapani l'invincible, Palerme l'heureuse.

En effet, s'il fut une ville prédestinée, c'est Palerme : située sous un ciel sans nuages, sur un sol fertile, au milieu de campagnes pittoresques, ouvrant son port à une mer qui roule des flots d'azur, protégée au nord par la colline de Sainte-Rosalie, à l'orient par le cap Naferano, encadrée de tous côtés par une chaîne de montagnes qui ceint la vaste plaine où elle est assise, jamais odalisque bysantine ou sultane égyptienne ne se mira avec plus d'abandon, de paresse et de volupté, dans les flots de la Cyrénaïque ou du Bosphore, que ne le fait, le visage tourné du côté de sa mère, l'antique fille de Chaldée. Aussi vainement a-t-elle changé de maîtres, ses maîtres ont disparu, et elle est restée; et de ses dominateurs différens, séduits toujours par sa douceur et par sa beauté, l'esclave reine n'a gardé que des colliers pour toutes chaînes. C'est qu'aussi, les hommes et la nature se sont réunis pour la faire magnifique parmi les riches. Les Grecs lui ont laissé leurs temples, les Romains leurs aquéducs, les Sarrasins leurs châteaux, les Normands leurs basiliques, les Espagnols leurs églises, et comme la latitude où elle est située permet à toute plante d'y fleurir, à tout arbre de s'y développer, elle rassemble dans ses jardins splendides le laurier-rose de la Laconie, le palmier d'Égypte, la figue de l'Inde, l'aloès d'Afrique, le pin d'Italie, le cyprès d'Écosse et le chêne de France.

Aussi n'est-il rien de plus beau que les jours de Palerme, si ce n'est ses nuits : nuits d'Orient, nuits transparentes et embaumées, où le murmure de la mer, le frémissement de la brise, la rumeur de la ville, semblent un concert universel d'amour, où chaque chose de la création, depuis la vague jusqu'à la plante, depuis la plante jusqu'à l'homme, jette un mystérieux soupir. Montez sur la plate-forme de la *Zisa*, ou sur la terrasse du *Palazzo Reale*, lorsque Palerme dort, et il vous semblera être assis au chevet d'une jeune fille qui rêve de volupté.

C'est l'heure à laquelle les pirates d'Alger et les corsaires de Tunis sortent de leurs repaires, mettent au vent les voiles triangulaires de leurs felouques barbaresques, et rôdent autour de l'île, comme autour d'un bercail les hiènes de Zahara et les lions de l'Atlas. Malheur alors aux villes imprudentes qui s'endorment sans fanaux et sans gardes au bord de la mer, car leurs habitans se réveillent aux lueurs de l'incendie et aux cris de leurs femmes et de leurs filles, et avant que les secours ne soient arrivés, les vautours d'Afrique se seront envolés avec leurs proies; puis, quand le jour viendra, on verra les ailes de leurs vaisseaux blanchir à l'horizon et disparaître derrière les îles de Porri, de Favignana ou de Lampadouze.

Parfois aussi il arrive que la mer prend tout-à-coup une teinte livide, que la brise tombe, que la ville se tait : c'est que quelques nuages sanglans qui courent rapidement du midi au septentrion ont passé dans le ciel; c'est que ces nuages annoncent le *sirocco*, ce *khamsin* tant redouté des Arabes, vapeur ardente qui prend naissance dans les sables de la Libye, et que les vents du sud-est poussent sur l'Europe : aussitôt tout se courbe, tout souffre, tout se plaint ; l'île entière gémit comme lorsque l'Etna menace; les animaux et les hommes cherchent avec inquiétude un abri; et lorsqu'ils l'ont trouvé, ils se couchent haletans, car ce vent abat tout courage, paralyse toute force, éteint toute faculté. Palerme alors râle pareille à une agonisante, et cela jusqu'au moment où un souffle plus pur, arrivant de la Calabre, rend la force à la moribonde qui tressaille à cet air vivifiant, se reprend à l'existence, respire avec le même bonheur que si elle sortait d'un évanouissement, et le lendemain recommence insoucieuse, sa vie de plaisir et de joie.

C'était un soir du mois de septembre 1803; il avait fait sirocco toute la journée; mais au coucher du soleil le ciel s'était éclairci, la mer était redevenue azurée, et quelques bouffées d'une brise fraîche soufflaient de l'archipel lipariote. Ce changement atmosphérique exerçait, comme nous l'avons dit, son influence bienfaisante sur tous les êtres animés, qui sortaient peu à peu de leur torpeur : on eût cru assister à une seconde création, d'autant plus, comme nous l'avons dit, que Palerme est un véritable Éden.

Parmi toutes les filles d'Ève, qui, dans ce paradis qu'elles habitent, font de l'amour leur principale occupation, il en est une qui jouera un rôle trop important dans le cours de cette histoire pour que nous n'arrêtions pas sur elle et sur le lieu qu'elle habite l'attention et les regards de nos lecteurs : qu'ils sortent donc avec nous de Palerme par la porte de San-Georgio; qu'ils laissent à droite Castello-a-Mare, qu'ils gagnent directement le môle, qu'ils suivent quelque temps le rivage, et qu'ils fassent halte à cette délicieuse villa qui s'élève au bord de la mer, et dont les jardins enchantés s'étendent jusqu'au pied du mont Pellegrino; c'est la villa du prince de Carini, vice-roi de Sicile pour Ferdinand IV, qui est retourné prendre possession de sa belle ville de Naples.

Au premier étage de cette élégante villa,

dans une chambre tendue de satin bleu de ciel, dont les draperies sont relevées par des cordons de perles, et dont le plafond est peint à fresque, une femme vêtue d'un simple peignoir est couchée sur un sofa, les bras pendans, la tête renversée et les cheveux épars; il n'y a qu'un instant encore qu'on aurait pu la prendre pour une statue de marbre : mais un léger frémissement a couru par tout son corps, ses joues commencent à se colorer, ses yeux viennent de se rouvrir; la statue merveilleuse s'anime, soupire, étend la main vers une petite sonnette d'argent posée sur une table de marbre de Sélinunte, l'agite paresseusement, et comme fatiguée de l'effort qu'elle a fait, se laisse retomber sur le sofa. Cependant le son argentin a été entendu, une porte s'ouvre, et une jeune et jolie camérière, dont la toilette en désordre annonce qu'elle a, comme sa maîtresse, subi l'influence du vent africain, paraît sur le seuil.

— Est-ce vous, Teresa? dit languissamment sa maîtresse en tournant la tête de son côté. O mon Dieu ! c'est pour en mourir; est-ce que ce sirocco soufflera toujours ?

— Non, signora, il est tout-à-fait tombé, et l'on commence à respirer.

— Apportez-moi des fruits et des glaces, et donnez-moi de l'air.

Teresa accomplit ces deux ordres avec autant de promptitude que le lui permettait un reste de langueur et de malaise. Elle déposa les rafraîchissemens sur la table, et alla ouvrir la fenêtre qui donnait sur la mer.

— Voyez, madame la comtesse, dit-elle, nous aurons demain une magnifique journée, et l'air est si pur que l'on voit parfaitement l'île d'Alicudi, quoique le jour commence à baisser.

— Oui, oui, cet air fait du bien. Donne-moi le bras, Teresa, je vais essayer de me traîner jusqu'à cette fenêtre.

La camérière s'approcha de sa maîtresse, qui reposa sur la table le sorbet que ses lèvres avaient effleuré à peine, et qui, s'appuyant sur son épaule, marcha languissamment jusqu'au balcon.

— Ah! dit-elle en aspirant l'air du soir, comme on renaît à cette douce brise! Approche-moi ce fauteuil, et ouvre encore la fenêtre qui donne sur le jardin. Bien! Le prince est-il revenu de Montréal?

— Pas encore.

— Tant mieux: je ne voudrais pas qu'il me vît pâle et défaite ainsi. Je dois être affreuse.

— Madame la comtesse n'a jamais été plus belle; et je suis sûre que dans toute cette ville, que nous découvrons d'ici, il n'y a pas une femme qui ne soit jalouse de la signora.

— Même la marquise de Rudini? même la princesse de Butera?

— Je n'excepte personne.

— Le prince vous paie pour me flatter, Teresa.

— Je jure à madame que je ne lui dis que ce que je pense.

— Oh! qu'il fait doux à vivre à Palerme! dit la comtesse respirant à pleine poitrine.

— Surtout lorsqu'on a vingt-deux ans, qu'on est riche et qu'on est belle, continua en souriant Teresa.

— Tu achèves ma pensée : aussi je veux voir tout le monde heureux autour de moi. A quand ton mariage, hein ?

Teresa ne répondit point.

— N'était-ce pas dimanche prochain le jour fixé ? continua la comtesse.

— Oui, signora, répondit la camérière en soupirant.

— Qu'est-ce donc ? n'es-tu plus décidée ?
— Si fait, toujours.
— As-tu de la répugnance pour Gaëtano.
— Non ; je crois que c'est un honnête garçon, et qui me rendra heureuse. D'ailleurs ce mariage est un moyen de rester toujours près de madame la comtesse, et c'est ce que je désire.

— Pourquoi soupires-tu, alors ?
— Que la signora me pardonne ; c'est un souvenir de notre pays.

— De notre pays ?

— Oui. Quand madame la comtesse se souvint à Palerme qu'elle avait laissé une sœur de lait au village dont son père était le seigneur, et qu'elle m'écrivit de la venir rejoindre, j'étais près d'épouser un jeune garçon de Bauso.

— Pourquoi ne m'as-tu point parlé de cela ? le prince, à ma recommandation, l'aurait pris dans sa maison.

— Oh ! il n'aurait pas voulu être domestique ; il est trop fier pour cela.

— Vraiment ?

— Oui. Il avait déjà refusé une place dans les campieri du prince de Goto.

— C'était donc un seigneur que ce jeune homme ?

— Non, madame la comtesse ; c'était un simple montagnard.

— Comment s'appelait-il ?

— Oh ! je ne crois pas que la signora le connaisse, dit vivement Teresa.

— Et le regrettes-tu ?

— Je ne pourrais dire. — Ce que je sais seulement, c'est que, si je devenais sa femme, au lieu d'être celle de Gaëtano, il me faudrait travailler pour vivre, et que cela me serait bien pénible, surtout en sortant du service de madame la comtesse, qui est si facile et si doux.

— On m'accuse cependant de violence et d'orgueil; est-ce vrai, Teresa?

— Madame est excellente pour moi; voilà tout ce que je puis dire.

— C'est cette noblesse palermitaine qui dit cela, parce que les comtes de Castelnovo ont été anoblis par Charles V, tandis que les Ventimille et les Partanna descendent, à ce qu'ils prétendent, de Tancrède et de Roger. Mais ce n'est pas pour cela que les femmes m'en veulent : elles cachent leur haine sous le dédain, et elles me haïssent parce que Rodolfo m'aime et qu'elles sont jalouses de l'amour du vice-roi. Aussi font-elles tout ce qu'elles peuvent pour me l'enlever; mais elles n'y parviendront pas; je suis plus belle qu'elles; Carini me le dit tous les jours, et toi aussi, menteuse.

— Il y a ici quelqu'un plus flatteur encore que son excellence et que moi.

— Et qui cela?

— Le miroir de madame la comtesse.

— Folle! Allume les bougies de la psyché.
— La camérière obéit. — Maintenant, ferme cette fenêtre et laisse-moi : celle du jardin donnera assez d'air.

Teresa obéit et s'éloigna; à peine la comtesse l'eut-elle vue disparaitre, qu'elle vint s'asseoir devant la psyché, se regarda dans la glace et se mit à sourire.

C'est qu'aussi c'était une merveilleuse créature que cette comtesse Emma, ou plutôt *Gemma;* car dès son enfance ses parens avaient ajouté un G à son nom de baptême ; de sorte que, grâce à cette adjonction, elle s'appelait *Diamant*. Certes, c'était à tort qu'elle s'était bornée à faire remonter sa noblesse à une signature de Charles-Quint; car, à sa taille mince et flexible, on reconnaissait l'Ionienne, à ses yeux noirs et veloutés la descendante des Arabes, à son teint blanc et vermeil la fille des Gaules. Elle pouvait donc également se vanter de descendre d'un archonte d'Athènes, d'un émir sarrasin ou d'un capitaine normand; c'était une de ces beautés comme on en trouve en Sicile d'abord, puis dans une seule ville du monde, à Arles, où le même mélange de sang, le même croisement de races réunit parfois dans une seule personne ces trois types si différens. Aussi, au lieu d'appeler à son secours, ainsi qu'elle en avait d'abord eu l'intention, l'artifice de la toilette, Gemma se trouva si charmante dans son demi-désordre, qu'elle se regarda quelque temps avec une admiration naïve, et comme doit se regarder une fleur qui se penche vers un ruisseau; et cette admiration, ce n'était point de l'orgueil, c'était une adoration pour le Seigneur, qui veut et qui peut créer de si belles choses. Elle resta donc ainsi qu'elle était. En effet, quelle coiffure pouvait mieux faire valoir ses cheveux que cet abandon qui leur permettait de flotter dans leur magnifique étendue? Quel pinceau aurait pu ajouter une ligne à l'arc régulier de ses sourcils de velours? et quel carmin aurait osé rivaliser avec le corail de ses lèvres humides, vif comme le fruit de la grenade? Elle commença en échange et comme nous l'avons dit, à se regarder sans autre pensée que celle de se voir, et peu à peu elle tomba dans une rêverie profonde et pleine d'extase; car, en même temps que son visage, et comme un fond à cette tête d'ange, la glace qui était placée devant la fenêtre restée ouverte réfléchissait le ciel : et Gemma, sans but, sans motif, se berçant dans un bonheur vague et infini, s'amusait à compter dans cette glace les étoiles qui apparaissaient chacune à son tour, et à leur donner des noms au fur et à mesure qu'elles pointaient dans l'éther. Tout-à-coup il lui sembla qu'une ombre surgissante se plaçait devant ces étoiles, et qu'une figure se dessinait derrière elle : elle se retourna vivement, un homme était debout sur sa fenêtre. Gemma se leva et ouvrit la bouche pour jeter un cri; mais l'inconnu, s'élançant dans la chambre, joignit les deux mains, et d'une voix suppliante : — Au nom du ciel, lui dit-il, n'appelez pas, madame, car, sur mon honneur, vous n'avez rien à craindre, et je ne veux pas vous faire de mal !...

CHAPITRE II.

II

Gemma retomba sur son fauteuil, et cette apparition et ces paroles furent suivies d'un moment de silence, pendant lequel elle eut le temps de jeter un coup d'œil rapide et craintif sur l'étranger qui venait de s'introduire dans sa chambre d'une manière si bizarre et si inusitée.

C'était un jeune homme de vingt-cinq à

vingt-six ans, qui paraissait appartenir à la classe populaire : il portait le chapeau calabrais, entouré d'un large ruban qui retombait flottant sur son épaule, une veste de velours à boutons d'argent, une culotte de même étoffe et à ornemens pareils : sa taille était serrée par une de ces ceintures en soie rouge avec des broderies et des franges vertes, comme on en fabrique à Messine, en imitation de celles du Levant. Enfin des guêtres et des souliers de peau complétaient ce costume montagnard, qui ne manquait pas d'élégance, et qui semblait choisi pour faire ressortir les heureuses proportions de la taille de celui qui l'avait adopté. Quant à sa figure, elle était d'une beauté sauvage : c'étaient ces traits fortement accentués de l'homme du Midi, ses yeux hardis et fiers, ses cheveux et sa barbe noirs, son nez d'aigle et ses dents de chacal.

Sans doute que Gemma ne fut point rassurée par cet examen, car l'étranger lui vit étendre le bras du côté de la table, et devinant qu'elle y cherchait la sonnette d'argent qui y était placée :

— Ne m'avez-vous pas entendu, madame? lui dit-il en donnant à sa voix cette expression de douceur infinie à laquelle se prête si facilement la langue sicilienne : je ne vous veux aucun mal, et, bien loin de là, si vous m'accordez la demande que je viens vous faire, je vous adorerai comme une madone : vous êtes déjà belle comme la mère de Dieu, soyez bonne aussi comme elle.

— Mais enfin que me voulez-vous ? dit Gemma d'une voix tremblante encore, et comment entrez-vous ainsi chez moi à cette heure ?

— Si je vous avais demandé une entrevue à vous, noble, riche et aimée d'un homme qui est presque un roi, est-il probable que vous me l'eussiez accordée, à moi, pauvre et inconnu? dites-le-moi, madame : d'ailleurs, eussiez-vous eu cette bonté, vous pouviez tarder à me répondre, et je n'avais pas le temps d'attendre.

— Que puis-je donc pour vous ? dit Gemma se rassurant de plus en plus.

— Tout, madame; car vous avez entre les mains mon désespoir ou mon bonheur, ma mort ou ma vie.

— Je ne vous comprends pas; expliquez-vous.

— Vous avez à votre service une jeune fille de Bauso.

— Teresa.

— Oui, Teresa, continua le jeune homme d'une voix tremblante : or cette jeune fille va se marier à un valet de chambre du prince Carini, et cette jeune fille est ma fiancée.

— Ah! c'est vous ?

— Oui, c'est moi qu'elle allait épouser au moment où elle reçut la lettre qui l'appelait auprès de vous. Elle promit de me rester fidèle, de vous parler pour moi, et, si vous refusiez sa demande, de venir me retrouver : je l'attendais donc ; mais trois ans se sont écoulés sans que je la revisse, et, comme elle ne revenait pas, c'est moi qui suis venu. En arrivant j'ai tout appris, alors j'ai pensé à venir me jeter à vos genoux et à vous demander Teresa.

— Teresa est une fille que j'aime et dont je ne veux pas me séparer. Gaëtano est le valet de chambre du prince, et en l'épousant elle restera près de moi.

— Si c'est une condition, j'entrerai chez le prince, dit le jeune homme se faisant une violence visible.

— Teresa m'avait dit que vous ne vouliez pas servir.

— C'est vrai ; mais, s'il le faut cependant, je ferai ce sacrifice pour elle, seulement si cela était possible, j'aimerais mieux être engagé dans ses campieri que de faire partie de ses domestiques.

— C'est bien, j'en parlerai au prince, et s'il y consent....

— Le prince voudra tout ce que vous voudrez, madame; vous ne priez pas, vous ordonnez, je le sais.

— Mais qui me répondra de vous ?

— Ma reconnaissance éternelle, madame.

— Encore faut-il que je sache qui vous êtes.

— Je suis un homme dont vous pouvez faire le malheur ou la félicité, voilà tout.

— Le prince me demandera votre nom.

— Que lui importe mon nom ? le connaît-il ? Le nom d'un pauvre paysan de Bauso est-il jamais arrivé jusqu'au prince ?

— Mais moi, je suis du même pays que vous; mon père était comte de Castelnovo, et habitait une petite forteresse à un quart de lieue du village.

— Je le sais, madame, répondit le jeune homme d'une voix sourde.

— Eh bien! je dois connaître votre nom, moi! Dites-le-moi alors, et je verrai ce que j'ai à faire.

— Croyez-moi, madame la comtesse, il vaut mieux que vous l'ignoriez; qu'importe mon nom? Je suis honnête homme, je rendrai Teresa heureuse, et, s'il le faut, je me ferai tuer pour le prince et pour vous.

— Votre entêtement est étrange; et je tiens d'autant plus à savoir votre nom que je l'ai déjà demandé à Teresa, et que, comme vous, elle a refusé de me le dire. Je vous préviens cependant que je ne ferai rien qu'à cette condition.

— Vous le voulez, madame?

— Je l'exige.

— Eh bien! une dernière fois, je vous en supplie.

— Ou nommez-vous, ou sortez! dit Gemma avec un geste impératif.

— Je m'appelle Pascal Bruno, répondit le jeune homme d'une voix si calme qu'on eût pu croire que toute émotion avait disparu, si en le voyant si pâle on n'eût facilement deviné ce qu'il souffrait intérieurement.

— Pascal Bruno ! s'écria Gemma, reculant avec son fauteuil, Pascal Bruno ! seriez-vous le fils d'Antonino Bruno, dont la tête est dans une cage de fer au château de Bauso.

— Je suis son fils.

— Eh bien ! savez-vous ourquoi la tête de votre père est là, dites ? Pascal garda le silence. — Eh bien ! continua Gemma, c'est que votre père a voulu assassiner le mien.

— Je sais tout cela, madame, et je sais encore que lorsqu'on vous promenait enfant dans le village, vos femmes de chambre et vos valets vous montraient cette tête en vous disant que c'était celle de mon père qui avait voulu assassiner le vôtre ; mais ce qu'on ne vous disait pas, madame, c'est que votre père avait déshonoré le mien.

— Vous mentez !

— Que Dieu me punisse si je ne dis pas la vérité, madame : ma mère était belle et sage, le comte l'aima, et ma mère résista à toutes les propositions, à toutes les promesses, à toutes les menaces; mais un jour que mon père était allé à Taormine, il la fit enlever par quatre hommes, transporter dans une petite maison qui lui appartenait, entre Limero et Furnari, et qui est maintenant une auberge... Et là !... là, madame ! il la viola.

— Le comte était seigneur et maître du village de Bauso : ses habitans lui appartenaient, corps et biens, et c'était beaucoup d'honneur qu'il faisait à votre mère que de l'aimer !...

— Mon père ne pensa pas ainsi, à ce qu'il paraît, dit Pascal en fronçant le sourcil, et cela sans doute parce qu'il était né à Strilla, sur les terres du prince de Moncada-Paterno, ce qui fit qu'il frappa le comte; la blessure ne fut pas mortelle, tant mieux, je l'ai long-temps regretté; mais aujourd'hui, à ma honte, je m'en félicite.

— Si j'ai bonne mémoire, votre père, non seulement n'a pas été mis à mort comme meurtrier, mais encore vos oncles sont au bagne.

— Ils avaient donné asile à l'assassin, ils l'avaient défendu lorsque les sbires étaient venus pour l'arrêter; ils furent considérés comme complices, et envoyés, mon oncle Placido à Favignana, mon oncle Pietro à Lipari, et mon oncle Pépé à Vulcano. Quant à moi, j'étais trop jeune, et quoique l'on m'eût arrêté avec eux, on me rendit à ma mère.

— Et qu'est-elle devenue, votre mère?

— Elle est morte.

— Où cela?

— Dans la montagne, entre Pizzo de Goto et Nisi.

— Pourquoi avait-elle quitté Bauso?

— Pour que nous ne vissions pas, chaque fois que nous passions devant le château, elle, la tête de son mari, moi, la tête de mon père. Oui, elle est morte là, sans médecin, sans prêtre; elle a été enterrée hors de la terre sainte, et c'est moi qui ai été son seul fossoyeur..... Alors, madame, vous me pardonnerez, je l'espère, sur la terre fraîchement retournée, j'avais fait le serment de venger toute ma famille, à laquelle je survivais seul, car je ne compte plus mes oncles comme de ce monde, sur vous, qui restez seule de la famille du comte. Mais, que voulez-vous? je devins amoureux de Teresa; je quittai mes montagnes pour ne plus voir la tombe à laquelle je sentais que je devenais parjure; je descendis dans la plaine, je me rapprochai de Bauso, et je fis plus encore; lorsque je sus que Teresa quittait le village pour entrer à votre service je songeai à entrer à celui du comte. Je reculai long-temps devant cette pensée, enfin je m'y habituai. Je pris sur moi de vous voir : je vous ai vue, et me voilà, sans armes et en suppliant, en face de vous, madame, devant qui je ne devais paraître qu'en ennemi.

— Vous comprenez, répondit Gemma, qu'il est impossible que le prince prenne à son service un homme dont le père a été pendu et dont les oncles sont aux galères.

— Pourquoi pas, madame, si cet homme consent à oublier que c'est injustement que ces choses ont été faites?

— Vous êtes fou!

— Madame la comtesse, vous savez ce que c'est qu'un serment pour un montagnard? Eh bien! je fausserai mon serment. Vous savez ce que c'est que la vengeance pour un Sicilien? eh bien! je renoncerai à ma vengeance...

Je ne demande pas mieux que de tout oublier, ne me forcez pas de me souvenir.

— Et dans ce cas, que feriez-vous?

— Je ne veux pas y penser.

— C'est bien! nous prendrons nos mesures en conséquence.

— Je vous en supplie, madame la comtesse, soyez bonne pour moi; vous voyez que je fais ce que je peux pour rester honnête homme. Une fois engagé chez le prince, une fois le mari de Teresa, je réponds de moi..... D'ailleurs je ne retournerai pas à Bauso.

— Cela est impossible.

— Madame la comtesse, vous avez aimé! Gemma sourit dédaigneusement. Vous devez alors savoir ce que c'est que la jalousie; vous devez savoir ce qu'on souffre et comment on se sent devenir fou. Eh bien! j'aime Teresa, je suis jaloux d'elle, je sens que je perdrai l'esprit si ce mariage se fait; et alors...

— Et alors?

— Alors!... gare que je ne me souvienne de la cage où est la tête de mon père, des bagnes où vivent mes oncles, et de la tombe où dort ma mère.

En ce moment un cri étrange, qui semblait être un signal, se fit entendre au bas de la fenêtre, presque aussitôt le bruit d'une sonnette retentit.

— Voilà le prince, s'écria Gemma.

— Oui, oui, je le sais, murmura Pascal d'une voix sourde; mais avant qu'il ne soit arrivé à cette porte, vous avez encore le temps de me dire *oui*. Je vous en supplie, madame, accordez-moi ce que je vous demande, donnez-moi Teresa, placez-moi au service du prince.

— Laissez-moi passer, dit impérieusement Gemma, s'avançant vers la porte; mais, loin d'obéir à cet ordre, Bruno s'élança vers le verrou qu'il poussa.—Oseriez-vous m'arrêter? continua Gemma, saisissant le cordon d'une sonnette. — A moi! au secours! au secours!

— N'appelez pas, madame, dit Bruno se contenant encore, car je vous ai dit que je ne voulais pas vous faire de mal. Un second cri pareil au premier se fit entendre au bas de la fenêtre.—C'est bien, c'est bien, Ali, tu veilles fidèlement, mon enfant, dit Bruno. Oui, je sais que le comte arrive, j'entends ses pas dans le corridor. Madame, madame, il vous reste encore un instant, une seconde, et tous les malheurs que je prévois n'auront pas lieu...

— Au secours! Rodolfo, au secours! cria Gemma.

— Vous n'avez donc ni cœur, ni ame, ni pitié, ni pour vous ni pour les autres, dit Bruno enfonçant ses mains dans ses cheveux et regardant la porte qu'on secouait avec force.

— Je suis enfermée, continua la comtesse, se rassurant de l'aide qui lui arrivait,—enfermée avec un homme qui me menace. A moi! Rodolfo, à moi! au secours!

— Je ne menace pas, je prie... je prie encore... mais puisque vous le voulez!...

Bruno poussa un rugissement de tigre, et s'élança vers Gemma pour l'étouffer entre ses mains sans doute, car, ainsi qu'il l'avait dit, il n'avait pas d'armes. Au même instant une porte cachée au fond de l'alcôve s'ouvrit, un coup de pistolet se fit entendre, la chambre s'emplit de fumée, et Gemma s'évanouit.

Lorsqu'elle revint à elle, elle était entre les bras de son amant; ses yeux cherchèrent avec effroi autour de la chambre, et aussitôt qu'elle put articuler une parole :

— Qu'est devenu cet homme? dit-elle.
— Je ne sais. Il faut que je l'aie manqué, répondit le prince, car tandis que j'enjambais par-dessus le lit, il a sauté par la fenêtre; et comme je vous voyais sans connaissance, je ne me suis pas inquiété de lui, mais de vous. Il faut que je l'aie manqué, répéta-t-il en jetant les yeux autour de la chambre; et cependant c'est bizarre, je ne vois pas la balle dans la tenture.
— Faites courir après lui, s'écria Gemma, et point de grâce, point de pitié pour cet homme, monseigneur, car cet homme, c'est un bandit qui voulait m'assassiner.

On chercha toute la nuit dans la villa, par

les jardins et sur le rivage, mais inutilement ; Pascal Bruno avait disparu.

Le lendemain on découvrit une trace de sang, qui commençait au bas de la fenêtre et qui se perdait à la mer.

CHAPITRE III.

III

Au point du jour, les barques des pêcheurs sortirent du port comme d'habitude et se dispersèrent sur la mer; l'une d'elles, cependant, montée par un homme et par un enfant de douze à quatorze ans, s'arrêtant en vue de Palerme, abattit sa voile pour rester en panne; et comme cette immobilité dans un endroit peu favorable à la pêche aurait pu attirer les soupçons sur elle, l'enfant s'occupa de raccommoder ses filets; quant à l'homme, il était couché au fond du bateau, la tête appuyée sur un des bords, et paraissait plongé dans une profonde rêverie; de temps en temps cependant il puisait, comme par un mouvement machinal, de l'eau de mer dans sa main droite, et versait de cette eau sur son épaule gauche serrée d'une bandelette ensanglantée. Alors sa bouche se contractait avec une expression si bizarre, qu'on aurait eu peine à distinguer si c'était un rire ou un grincement de dents qui lui donnait cette expression. Cet homme était Pascal Bruno; et cet enfant, c'était celui qui, placé au bas de la fenêtre, lui avait deux fois donné, par un cri, le signal de la fuite : au premier coup d'œil on pouvait facilement le reconnaître pour le fils d'une terre plus ardente encore que celle sur laquelle se passent les événemens que nous racontons. En effet, cet enfant était né sur les côtes d'Afrique, et voici comment Bruno et lui s'étaient rencontrés.

Il y avait un an à peu près que des corsaires

algériens, sachant que le prince de Moncada-Paterno, l'un des plus riches seigneurs de la Sicile, revenait dans une petite speronare de Pantellerie à Catane, accompagné seulement d'une douzaine d'hommes de sa suite, s'embusquèrent derrière l'ile de Porri, distante de deux milles à peu près de la côte. Le bâtiment du prince, ainsi que l'avaient prévu les pirates, passa entre l'ile et le rivage; mais au moment où ils le virent engagé dans le détroit, ils sortirent avec trois barques de la petite anse où ils étaient cachés, et firent force de rames pour couper le chemin au bâtiment du prince. Celui-ci ordonna aussitôt de gouverner vers la terre, et alla s'échouer sur la plage de Fugallo. Comme il y avait à l'endroit où le bâtiment avait touché trois pieds d'eau à peine, le prince et sa suite sautèrent à la mer, tenant leurs armes au-dessus de leurs têtes, et espérant arriver au village qu'ils voyaient s'élever à une demi-lieue à peu près dans les terres, sans avoir besoin d'en faire usage. Mais à peine furent-ils débarqués, qu'une autre troupe de corsaires qui, prévoyant cette manœuvre, avait remonté avec une barque le

Bufaidone, sortit des roseaux au milieu desquels le fleuve coule, et coupa au prince la retraite sur laquelle il comptait. Le combat s'engagea aussitôt; mais tandis que les campieri du prince avaient affaire à cette première troupe, la seconde arriva, et toute résistance devenant visiblement inutile, le prince se rendit, demandant la vie sauve et promettant de payer rançon pour lui et pour toute sa suite. Au moment où les prisonniers venaient de déposer leurs armes on aperçut une troupe de paysans qui accouraient armés de fusils et de faux. Les corsaires, maîtres de la personne du prince, et ayant par conséquent atteint le but qu'ils désiraient, n'attendirent pas les nouveaux arrivans, et s'embarquèrent avec une telle rapidité qu'ils laissèrent sur le champ de bataille trois hommes de leur équipage, qu'ils croyaient morts ou blessés mortellement.

Parmi ceux qui accouraient ainsi se trouvait Pascal Bruno, que sa vie nomade conduisait vaguement tantôt d'un côté, tantôt d'un autre, et que son esprit inquiet jetait dans toutes les entreprises aventureuses. Arrivés sur la plage où le combat avait eu lieu, les paysans trouvèrent un domestique du prince de Paterno mort, un autre blessé assez légèrement à la cuisse, et trois corsaires étendus dans leur sang, mais respirant encore. Deux coups de fusil eurent bientôt fait justice de deux d'entre eux, et un coup de pistolet allait envoyer le troisième rejoindre ses camarades, lorsque Bruno, s'apercevant que c'était un enfant, détourna le bras qui allait le frapper, et déclara qu'il prenait le blessé sous sa protection. Quelques réclamations s'élevèrent sur cette pitié, qui semblait intempestive; mais, quand Bruno avait dit une chose, il maintenait ce qu'il avait dit : il arma donc sa carabine, déclara qu'il ferait sauter la cervelle au premier qui s'approcherait de son protégé; et, comme on le savait homme à exécuter à l'instant sa menace, on lui laissa prendre l'enfant dans ses bras et s'éloigner avec lui. Bruno marcha aussitôt vers le rivage, descendit dans une barque avec laquelle il faisait habituellement ses excursions aventureuses, et dont il connaissait si bien la manœuvre qu'elle semblait lui obéir comme un cheval à son cavalier, déploya sa voile et cingla vers le cap d'Aliga-Grande.

A peine eut-il vu que la barque était dans sa route, et qu'elle n'avait plus besoin de son pilote, qu'il s'occupa de son blessé, toujours évanoui. Il écarta le bournous blanc dans lequel il était enveloppé, détacha la ceinture à laquelle était passé encore son yatagan, et vit, aux dernières lueurs du soleil couchant, que la balle avait frappé entre la hanche droite et les fausses côtes, et était ressortie près de la colonne vertébrale : la blessure était dangereuse, mais n'était pas mortelle.

La brise du soir, la sensation de fraîcheur produite par l'eau de mer avec laquelle Bruno lavait la plaie, rappelèrent l'enfant à lui; il prononça sans ouvrir les yeux quelques mots dans une langue inconnue; mais Bruno, sachant que l'effet habituel d'un coup de feu est de causer une soif violente, devina qu'il demandait à boire et approcha de ses lèvres une fiasque pleine d'eau; l'enfant but avec avidité, poussa quelques plaintes inarticulées, et retomba dans son évanouissement. Pascal le coucha le plus doucement qu'il put au fond de sa barque, et, laissant la blessure à l'air, il continua de presser de cinq minutes en cinq minutes au-dessus d'elle son mouchoir imbibé d'eau de mer, remède que les marins croient efficace à toutes les blessures.

Vers l'heure de l'*Ave Maria* nos navigateurs se trouvèrent à l'embouchure de la Ragusa : le vent venait d'Afrique : Pascal n'eut donc qu'une légère manœuvre à faire pour s'engager dans le fleuve, et trois heures après, laissant Modica à droite, il passait sous le pont jeté sur la grande route qui va de Noto à Chiaramonti. Il fit encore une demi-lieue ainsi ; mais alors le fleuve cessant d'être navigable, il tira sa barque dans les lauriers-roses et les papyrus qui bordent le rivage, et, reprenant l'enfant entre ses bras, il l'emporta à travers les terres. Bientôt il atteignit l'entrée d'une vallée dans laquelle il s'enfonça, et il ne tarda pas à trouver à sa droite et à sa gauche la montagne taillée à pic comme une muraille, et creusée de distance en distance, car dans cette vallée sont les restes d'une ancienne cité de Troglodytes, ces premiers habitans de l'île que civilisèrent les colonies grecques. Bruno entra dans l'une de ces cavernes, qui communiquait par un escalier à un étage supérieur, auquel un seul trou carré, en forme de fenêtre, donnait de l'air ; un lit de roseaux était amassé dans un coin, il y étendit le bournous de l'enfant, le coucha sur le bournous ; puis, redescendant pour allumer du feu, il remonta bientôt avec une branche de sapin enflammée, qu'il fixa dans le mur, et, s'asseyant sur une pierre, près de la couche du blessé, il attendit qu'il revînt à lui.

Ce n'était pas la première fois que Bruno visitait cette retraite : souvent, dans ces voyages sans but qu'il entreprenait à travers la Sicile pour distraire sa vie solitaire, calmer l'activité de son esprit et chasser ses mauvaises pensées, il était venu dans cette vallée, et il avait habité cette chambre creusée dans le roc depuis trois mille ans ; c'est là qu'il se livrait à ces rêveries vagues et incohérentes qui sont habituelles aux hommes d'imagination aux-

quels la science manque. Il savait que c'était
une race disparue de la terre qui dans des
temps reculés avait creusé ces retraites, et, dévot aux superstitions populaires, il croyait,
comme tous les habitans des environs, que
ces hommes étaient des enchanteurs : au reste,
cette croyance, loin de l'écarter de ces lieux
redoutés, l'y attirait irrésistiblement : il avait
dans sa jeunesse entendu raconter nombre
d'histoires de fusils enchantés, d'hommes invulnérables, de voyageurs invisibles, et son ame
sans crainte et avide de merveilleux n'avait
qu'un désir, c'était celui de rencontrer un être
quelconque, sorcier, enchanteur ou démon,
qui, moyennant un pacte infernal, lui accordât un pouvoir surnaturel, qui lui donnerait la
supériorité sur les autres hommes. Mais c'était
toujours en vain qu'il avait évoqué les ombres
des anciens habitans de la vallée de Modica ;
aucune apparition n'avait répondu à ses désirs,
et Pascal Bruno était resté, à son grand désespoir, un homme comme les autres hommes;
plus, cependant, la force et l'adresse, que
peu de montagnards possédaient à un degré
qui pût lui être comparé.

Il y avait une heure à peu près que Bruno rêvait ainsi près de son jeune blessé, lorsque celui-ci sortit de l'espèce de léthargie dans laquelle il était plongé; il ouvrit les yeux, regarda autour de lui avec égarement, et arrêta son regard sur celui qui venait de le sauver, mais sans savoir encore s'il voyait en lui un ami ou un ennemi. Pendant cet examen, et par un instinct vague de défense, l'enfant porta la main à sa ceinture pour chercher son fidèle yatagan; mais ne l'y trouvant pas, il poussa un soupir.

— Souffres-tu? lui dit Bruno, employant pour se faire entendre de lui cette langue franque qui est l'idiome universel des côtes de la Méditerranée, depuis Marseille jusqu'à Alexandrie, depuis Constantinople jusqu'à Alger, et à l'aide duquel on peut faire le tour du vieux monde.

— Qui es-tu? répondit l'enfant.
— Un ami.
— Je ne suis donc pas prisonnier?
— Non.
— Alors comment me trouvé-je ici?

Pascal lui raconta tout, l'enfant l'écouta attentivement; puis, lorsque le narrateur eut fini son récit, il fixa ses yeux sur ceux de Bruno, et avec un accent de reconnaissance profonde :

— Alors, lui dit-il, puisque tu m'as sauvé la vie, tu veux donc être mon père?
— Oui, dit Bruno, je le veux.
— Père, dit le blessé, ton fils s'appelle Ali; et toi, comment t'appelles-tu ?
— Pascal Bruno !
— Allah te protége! dit l'enfant.
— Désires-tu quelque chose?
— Oui, de l'eau; j'ai soif.

Pascal prit une tasse de terre, cachée dans un enfoncement du rocher, et descendit puiser de l'eau à une source qui coulait près de la maison; en remontant il jeta les yeux sur l'yatagan de l'enfant et il vit qu'il n'avait pas même songé à le rapprocher de lui. Ali prit avidement la tasse et la vida d'un trait.

— Allah te donne autant d'années heureuses qu'il y avait de gouttes d'eau dans cette tasse, dit l'enfant en la lui rendant.

— Tu es une bonne créature, murmura Bruno; dépêche-toi de guérir, et, quand tu seras guéri, tu pourras retourner en Afrique.

L'enfant guérit et resta en Sicile, car il s'était pris pour Bruno d'une telle amitié, qu'il ne voulut jamais le quitter. Depuis lors, il était demeuré constamment avec lui, l'accompagnant dans ses chasses sur les montagnes, l'aidant à diriger sa barque en mer, et prêt à se faire tuer sur un signe de celui qu'il appelait son père.

La veille il l'avait suivi à la villa du prince de Carini, il l'attendait sous les fenêtres pendant son entrevue avec Gemma, et c'était lui qui avait poussé le double cri d'alarme, la première fois, lorsque le prince avait sonné à la grille, et la seconde fois, lorsqu'il était entré dans le château. Il allait monter lui-même dans la chambre pour lui porter secours, si besoin était, lorsqu'il vit Bruno s'élancer par la fenêtre : il le suivit dans sa fuite, tous deux arrivèrent au rivage, se jetèrent dans leur canot qui les attendait, et comme la nuit ils ne pouvaient gagner la haute mer sans éveiller les soupçons, ils se contentèrent de venir se confondre parmi les barques de pêcheurs qui attendaient le point du jour pour sortir du port.

Pendant cette nuit, Ali rendit, à son tour, à Pascal, tous les soins qu'il en avait reçus en pareille circonstance, car le prince de Carini avait visé juste, et la balle qu'il cherchait vainement dans sa tenture avait presque traversé l'épaule de Bruno; de sorte qu'Ali n'eut qu'une légère incision à faire avec son yatagan, pour la retirer du côté opposé à celui par lequel elle était entrée. Tout cela s'était passé presque sans que Bruno s'en mêlât et parût même y penser, et la seule marque d'attention qu'il donnât à sa blessure était, comme nous l'avons dit, de l'humecter de temps en temps avec de l'eau de mer, tandis que l'enfant faisait semblant de raccommoder ses filets.

—Père, dit tout-à-coup Ali, s'interrompant dans cette feinte occupation, regarde donc du côté de la terre !

— Qu'y a-t-il ?

— Une troupe de gens.

— Où cela ?

— Là-bas, sur le chemin de l'église.

En effet, une société assez nombreuse suivait le chemin tortueux à l'aide duquel on gravit la montagne sainte : Bruno reconnut que c'était un cortége nuptial qui se rendait à la chapelle de Sainte-Rosalie.

— Mets le cap sur la terre et rame vivement ! s'écria-t-il, se levant tout debout.

L'enfant obéit, saisit de chaque main un aviron, et le petit canot sembla voler à la surface de la mer. Au fur et à mesure qu'ils approchaient du rivage la figure de Bruno prenait une expression plus terrible; enfin, lorsqu'ils ne furent plus qu'à la distance d'un demi-mille à peu près....

— C'est Teresa ! s'écria-t-il avec un accent de désespoir impossible à imaginer : ils ont avancé la cérémonie, ils n'ont pas voulu attendre à dimanche; ils ont eu peur que je ne l'enlevasse d'ici là !... Dieu m'est témoin que j'ai fait tout ce que j'ai pu pour que cela finît bien.... Ce sont eux qui n'ont pas voulu; malheur à eux !

A ces mots, Bruno, aidé par Ali, hissa la voile de la petite barque, qui, tournant le mont Pellegrino, disparut au bout de deux heures derrière le cap de Gallo.

CHAPITRE IV.

IV

Pascal ne s'était pas trompé. La comtesse, craignant quelque entreprise de la part de Bruno, avait fait avancer le mariage de trois jours, sans rien dire à Teresa de l'entrevue qu'elle avait eue avec son amant; et, par une dévotion particulière, les époux avaient choisi, pour la célébration du mariage, la chapelle de Sainte-Rosalie, la patronne de Palerme.

C'est encore un des traits caractéristiques de Palerme, ville toute d'amour, que de s'être mise sous la protection d'une sainte jeune et jolie : aussi sainte Rosalie est-elle à Palerme ce que saint Janvier est à Naples, la toute-puissante distributrice des bienfaits du ciel; mais, de plus que saint Janvier, elle est de race française et royale, et descend directement de Charlemagne (1), ainsi que le prouve son arbre généalogique, peint au-dessus de la porte extérieure de la chapelle, arbre dont le tronc sort de la poitrine du vainqueur de Vitikind, et, après s'être divisé en plusieurs rameaux, réunit ses branches à la cime, pour donner naissance au prince de Sinebaldo, père de sainte Rosalie. Mais toute la noblesse de sa race, toute la richesse de sa maison, toute la beauté de sa personne, ne purent rien sur la jeune princesse; elle quitta, à l'âge de dix-huit ans, la cour de Roger, et, entraînée vers la vie contemplative, elle disparut tout-à-coup sans

---

1 Nous n'avons pas besoin de rappeler à nos lecteurs que nous ne faisons pas ici un cours d'histoire, mais que nous rapportons une tradition. Nous savons parfaitement que Charlemagne était de race teutonique et non de lignée française.

qu'on sût ce qu'elle était devenue, et ce ne fut qu'après sa mort qu'on la trouva, belle et fraîche comme si elle vivait encore, dans la grotte qu'elle avait habitée et dans l'attitude même où elle s'était endormie du sommeil chaste et innocent des élus.

Cette grotte était creusée au flanc de l'ancien mont Évita, si célèbre, dans le cours des guerres puniques, par les positions inexpugnables qu'il fournit aux Carthaginois; mais aujourd'hui la montagne profane a changé de nom. Sa tête stérile a reçu le baptême de la foi, et on l'appelle le mont Pellegrino, mot qui, dans sa double signification, veut dire également la colline Précieuse, ou le mont du Pèlerin. En 1624, une peste désolait Palerme, sainte Rosalie fut invoquée; on tira le corps merveilleux de la grotte, on le transporta en grande pompe dans la cathédrale de Palerme, et à peine les ossemens sacrés eurent-ils touché le seuil du monument demi-chrétien, demi-arabe, bâti par l'archevêque Gauthier, qu'à la prière de la sainte Jésus-Christ chassa de la ville non seulement la peste, mais encore la guerre et la famine, comme en fait foi le bas-relief de Villa-Réale, élève de Canova. Ce fut alors que les Palermitains reconnaissans transformèrent en église la grotte de sainte Rosalie, établirent le magnifique chemin qui y conduit, et dont la construction semble remonter à ces époques où une colonie romaine jetait un pont ou un aquéduc d'une montagne à l'autre, comme la signature granitique de la métropole. Enfin le corps de la sainte fut remplacé par une gracieuse statue de marbre, couronnée de roses et couchée dans l'attitude où la sainte s'était endormie, à l'endroit même où elle avait été retrouvée; et le chef-d'œuvre de l'artiste fut encore enrichi par un don royal. Charles III de Bourbon lui donna une robe d'étoffe d'or, estimée vingt-cinq mille francs, un collier de diamans et des bagues magnifiques, et, voulant joindre les honneurs chevaleresques aux richesses mondaines, obtint pour elle la grande croix de Malte, qui est suspendue par une chaîne d'or, et la décoration de Marie-Thérèse, qui est une étoile entourée de lauriers avec cette devise : *Fortitudini*.

Quant à la grotte elle-même, c'est une excavation creusée dans un noyau primitif recouvert de couches calcaires, à la voûte de laquelle pendent de brillantes stalactites; à gauche est un autel dans le bas duquel est couchée la statue de la sainte, que l'on voit à travers un treillage d'or, et derrière l'autel coule la fontaine où elle se désaltérait. Quant au portique de cette église naturelle, il est séparé d'elle par un intervalle de trois ou quatre pieds, par lequel pénètre le jour et descendent les festons de lierres; de sorte que les rayons du soleil séparent comme un rideau lumineux le desservant de ses auditeurs.

C'est dans cette église que Teresa et Gaëtano furent mariés.

La cérémonie terminée, la noce redescendit à Palerme, où des voitures attendaient les convives pour les conduire au village de Carini, fief princier dont Rodolfo tirait son nom et son titre. Là, par les soins de la comtesse, tous les apprêts d'un repas magnifique avaient été faits; les paysans des environs avaient été invités; il en était venu de deux ou trois lieues à la ronde, de Montreale, de Capaci et de Favarotta; et parmi toutes ces jeunes paysannes qui avaient fait assaut de coquetterie villageoise, on reconnaissait celles de *Piana de Greci* à leur costume moraïte, qu'elles ont religieusement conservé, quoique la colonie qui le leur a légué et qui le tenait de ses pères ait quitté depuis douze cents ans la terre natale pour une nouvelle patrie.

Des tables étaient dressées sur une esplanade ombragée par des chênes verts et des pins parasols, embaumée par les orangers et les citronniers, et ceinte par des haies de grenadiers et de figuiers d'Inde, double bienfait de la Providence, qui, pensant à la faim et à la soif du pauvre, a semé ces arbres comme une manne sur toute l'étendue de la Sicile. On arrivait à cette esplanade par un chemin bordé d'aloès, dont les fleurs géantes, qui semblent de loin des lances de cavaliers arabes, renferment un fil plus brillant et plus solide que celui du chanvre et du lin; et tandis qu'au midi la vue était bornée par le palais, au-dessus de la terrasse duquel s'élevait la chaîne de montagnes qui sépare l'ile en trois grandes régions, à l'occident, au nord et à l'est, à l'extrémité de trois vallées on revoyait trois fois cette magnifique mer de Sicile qu'à ses teintes variées on eût prise pour trois mers, car, grâce à un jeu de lumière produit par le soleil qui commençait à disparaître à l'horizon, du côté de Palerme elle était d'un bleu d'azur, autour de l'île des Femmes elle roulait des vagues d'argent, tandis qu'elle brisait des flots d'or liquide contre les rochers de Saint-Vito.

Au moment du dessert, et lorsque le festin nuptial était dans toute sa joie, les portes du château s'ouvrirent, et Gemma, appuyée sur l'épaule du prince, précédée de deux domestiques portant des torches, et suivie d'un monde de valets, descendit l'escalier de marbre de la villa et s'avança sur l'esplanade. Les paysans voulurent se lever, mais le prince leur fit signe de ne pas se déranger; Gemma et lui commencèrent le tour des tables et finirent par s'arrêter derrière les fiancés. Alors un domestique tendit une coupe d'or, Gaëtano la remplit de vin de Syracuse, le domestique présenta la coupe à Gemma, Gemma fit un vœu en faveur du bonheur des nouveaux époux, effleura de ses lèvres la coupe d'or et la passa au prince, qui, la vidant d'un trait, y versa une bourse pleine d'onces[1], et la fit porter à Teresa, dont c'était le présent de noce; au même instant les cris de vive le prince de Carini! vive la comtesse de Castel Nuovo! se firent entendre; l'esplanade s'illumina comme par enchantement, et les nobles visiteurs se retirèrent, laissant après eux, comme une apparition céleste, de la lumière et de la joie.

A peine étaient-ils rentrés dans le château avec leur suite, qu'une musique se fit entendre, les jeunes gens quittèrent les tables et coururent à l'endroit préparé pour la danse. Comme d'habitude, Gaëtano allait ouvrir le bal avec sa fiancée, et déjà il s'avançait vers elle, lorsqu'un étranger, arrivant par le chemin des Aloës, parut sur l'esplanade : c'était

[1] Monnaie dont chaque pièce vaut trois ducats.

Pascal Bruno, vêtu du costume calabrais, que nous avons déjà détaillé ; seulement une paire de pistolets et un poignard étaient passés à sa ceinture, et sa veste, jetée sur son épaule droite, comme une pelisse de hussard, laissait voir la manche ensanglantée de sa chemise. Teresa fut la première qui l'aperçut : elle jeta un cri, et, fixant sur lui ses yeux épouvantés, elle resta pâle et droite comme à l'aspect d'une apparition. Chacun se retourna vers le nouveau venu, et toute cette foule demeura dans l'attente, silencieuse et muette, devinant qu'il allait se passer quelque chose de terrible. — Pascal Bruno marcha droit à Teresa, et, s'arrêtant devant elle, il croisa les bras et la regarda fixement.

— C'est vous, Pascal? murmura Teresa.
— Oui, c'est moi, répondit Bruno d'une voix rauque : j'ai appris à Bauso, où je vous attendais, que vous alliez vous marier à Carini : et je suis venu à temps, je l'espère, pour danser la première tarentelle avec vous.
— C'est le droit du fiancé, interrompit Gaëtano s'approchant.

— C'est le droit de l'amant, répondit Bruno. Allons, Teresa, c'est le moins que vous puissiez faire pour moi, ce me semble.

— Teresa est ma femme, s'écria Gaëtano en étendant le bras vers elle.

— Teresa est ma maîtresse, dit Pascal en lui saisissant la main.

— Au secours! cria Teresa.

Gaëtano saisit Pascal au collet; mais au même instant il poussa un cri et tomba, le poignard de Pascal enfoncé jusqu'au manche dans la poitrine. Les hommes firent un mouvement pour s'élancer vers le meurtrier, qui tira froidement un pistolet de sa ceinture et l'arma; puis avec son pistolet il fit signe aux musiciens de commencer l'air de la tarentelle. Ils obéirent machinalement : chacun demeura immobile.

— Allons, Teresa, dit Bruno!

Teresa n'était plus un être vivant, mais un automate dont le ressort était la peur. Elle obéit, et cette horrible danse près d'un cadavro, dura jusqu'à la dernière mesure. Enfin les musiciens s'arrêtèrent, et, comme si cette musique eût seule soutenu Teresa, elle tomba évanouie sur le corps de Gaëtano.

— Merci, Teresa, dit le danseur la regardant d'un œil sec; c'est tout ce que je voulais de toi. Et maintenant, s'il est quelqu'un ici qui désire savoir mon nom, afin de me retrouver autre part, je m'appelle Pascal Bruno.
— Fils d'Antonio Bruno, dont la tête est dans une cage de fer au château de Bauso, dit une voix.
— C'est cela même, répondit Pascal; mais, si vous désirez l'y voir encore, hâtez-vous, car elle n'y restera pas long-temps, je vous le jure!

A ces mots, Pascal disparut sans qu'il prît envie à personne de le suivre; d'ailleurs, soit crainte, soit intérêt, tout le monde s'occupait de Gaëtano et de Teresa.

L'un était mort, l'autre était folle.

Le dimanche suivant était le jour de la fête

de Bauso : tout le village était en joie, on buvait à tous les cabarets, on tirait des boîtes à tous les coins de rue. Les rues étaient pavoisées et bruyantes, et, entre toutes, celle qui montait au château était pleine de monde qui s'était amassé pour voir les jeunes gens tirer à la cible. C'était un amusement qui avait été fort encouragé par le roi Ferdinand IV, pendant son séjour forcé en Sicile; et plusieurs de ceux qui se livraient en ce moment à cet exercice avaient eu récemment, à la suite du cardinal Ruffo, occasion de déployer leur adresse sur les patriotes napolitains et les républicains français; mais pour le moment le but était redevenu une simple carte, et le prix un gobelet d'argent. La cible était placée directement au-dessous de la cage de fer où était la tête d'Antonio Bruno, à laquelle on ne pouvait atteindre que par un escalier qui, de l'intérieur de la forteresse, conduisait à une fenêtre en dehors de laquelle était scellée cette cage. Les conditions du tirage étaient, au reste, des plus simples; on n'avait besoin, pour faire partie de la société, que de verser dans la caisse commune, qui devait servir à payer le prix du gobelet d'argent, la modique somme de deux carlins pour chaque coup que l'on désirait tirer, et l'on recevait en échange un numéro amené au hasard, qui fixait l'ordre dans lequel le tour devait arriver; les moins adroits prenaient jusqu'à dix, douze et quatorze balles, ceux qui comptaient sur leur habileté se bornaient à cinq ou six. Au milieu de tous ces bras tendus et de toutes ces voix confuses, un bras s'étendit qui jeta deux carlins, et une voix se fit entendre qui demanda une seule balle. Chacun se retourna étonné de cette pauvreté ou de cette confiance. Ce tireur qui demandait une seule balle, c'était Pascal Bruno.

Quoique depuis quatre ans il n'eût point paru dans le village, chacun le reconnut; mais nul ne lui adressa la parole. Seulement, comme on le savait le chasseur le plus habile de toute la contrée, on ne s'étonna point qu'il n'eût pris qu'une seule balle : elle portait le n° 11. Le tir commença.

Chaque coup était accueilli par des rires ou

par des acclamations, et au fur et à mesure que les premières balles s'épuisaient les rires devenaient moins bruyans. Quant à Pascal, appuyé triste et pensif sur sa carabine anglaise, il ne paraissait prendre aucune part à l'enthousiasme ou à l'hilarité de ses compatriotes; enfin son tour vint; on appela son nom; il tressaillit et leva la tête comme s'il ne s'attendait pas à cet appel; mais, se rassurant aussitôt, il vint prendre place derrière la corde tendue qui servait de barrière. Chacun le suivit des yeux avec anxiété : aucun tireur n'avait excité un tel intérêt ni produit un pareil silence.

Pascal lui-même paraissait sentir toute l'importance du coup de fusil qu'il allait tirer, car il se posa d'aplomb, la jambe gauche en avant, et assurant son corps sur la jambe droite, il épaula avec soin, et, prenant sa ligne d'en bas, il leva lentement le canon de sa carabine; tout le monde le suivait des yeux, et ce fut avec étonnement qu'on le vit dépasser la hauteur de la cible, et, se levant toujours ne s'arrêter que dans la direction de la cage de fer : arrivé là, le tireur et le fusil restèrent un instant immobiles comme s'ils étaient de pierre ; enfin le coup partit, et, la tête enlevée de la cage de fer¹ tomba du haut du mur au pied de la cible!... Un frisson courut parmi les assistans, et aucun cri n'accueillit cette preuve d'adresse.

Au milieu de ce silence, Pascal Bruno alla ramasser la tête de son père, et prit, sans dire un mot et sans regarder une seule fois derrière lui, le sentier qui conduisait aux montagnes.

¹ Les cages en fer dans lesquelles on expose les têtes en Italie n'ont pas de treillage.

CHAPITRE V.

V

Un an à peine s'était écoulé depuis les événemens que nous venons de raconter dans notre précédent chapitre, et déjà toute la Sicile,
de Messine à Palerme, de Céfalu au cap Pas-
saro, retentissait du bruit des exploits du bandit Pascal Bruno. Dans les pays comme l'Espagne et l'Italie, où la mauvaise organisation
de la société tend toujours à repousser en bas

ce qui est né en bas, et où l'ame n'a pas d'ailes pour soulever le corps, un esprit élevé devient un malheur pour une naissance obscure; comme il tend toujours à sortir du cercle politique et intellectuel où le hasard l'a enfermé, comme il marche incessamment vers un but, dont mille obstacles le séparent, comme il voit sans cesse la lumière, et qu'il n'est point destiné à l'atteindre, il commence par espérer et finit par maudire. Alors il entre en révolte contre cette société pour laquelle Dieu a fait deux parts si aveugles, l'une de bonheur, l'autre de souffrances; il réagit contre cette partialité céleste et s'établit de sa propre autorité le défenseur du faible et l'ennemi du puissant. Voilà pourquoi le bandit espagnol et italien est à la fois si poétique et si populaire : c'est que d'abord c'est presque toujours quelque grande douleur qui l'a jeté hors de la voie; c'est qu'ensuite son poignard et sa carabine tendent à rétablir l'équilibre divin, faussé par les institutions humaines.

On ne s'étonnera donc pas qu'avec ses antécédens de famille, son caractère aventureux,

son adresse et sa force extraordinaire, Pascal
Bruno soit devenu si rapidement le personnage bizarre qu'il voulait être. C'est que, si
l'on peut parler ainsi, il s'était établi le justi-
cier de la justice; c'est que par toute la Sicile,
et spécialement dans Bauso et ses environs, il
ne se commettait pas un acte arbitraire qui
pût échapper à son tribunal; et comme presque toujours ses arrêts atteignaient les forts,
il avait pour lui tous les faibles. Ainsi, lorsqu'un bail exorbitant avait été imposé par un
riche seigneur à quelque pauvre fermier; lorsqu'un mariage était sur le point de manquer par
la cupidité d'une famille; lorsqu'une sentence
inique allait frapper un innocent, sur l'avis qu'il
en recevait, Bruno prenait sa carabine, déta-
chait quatre chiens orses, qui formaient sa
seule bande, montait sur son cheval du Val de
Noto, demi-arabe et demi-montagnard comme
lui, sortait de la petite forteresse de Castel
Nuovo, dont il avait fait sa résidence, allait
trouver le seigneur, le père ou le juge, et le
bail était diminué, le mariage conclu, le prisonnier élargi. On comprendra donc facilement que tous ces hommes auxquels il était

venu en aide lui payaient leur bonheur en dévouement, et que toute entreprise dirigée contre lui échouait, grâce à la surveillance reconnaissante des paysans, qui le prévenaient aussitôt, par des signes convenus, des dangers qui le menaçaient.

Puis des récits bizarres commençaient à circuler dans toutes les bouches; car plus les esprits sont simples, plus ils sont portés à croire au merveilleux. On disait que dans une nuit d'orage où toute l'île avait tremblé, Pascal Bruno avait passé un pacte avec une sorcière, et qu'il avait obtenu d'elle, en échange de son ame, d'être invisible, d'avoir la faculté de se transporter en un instant d'un bout de l'île à l'autre, et de ne pouvoir être atteint ni par le plomb, ni par le fer, ni par le feu. Le pacte, disait-on, devait durer pendant trois ans, Bruno ne l'ayant signé que pour accomplir une vengeance à laquelle ce terme, tout restreint qu'il paraissait, était suffisant. Quant à Pascal, loin de détruire ces soupçons, il comprenait qu'ils lui étaient favorables, et tâchait, au contraire, de leur donner de la consistance.

Ses relations multipliées lui avaient souvent fourni des moyens de faire croire à son invisibilité en le mettant au fait de circonstances qu'on devait penser lui être parfaitement inconnues. La rapidité de son cheval, à l'aide duquel, le matin, il se trouvait à des distances incroyables des lieux où on l'avait vu le soir, avaient convaincu de sa faculté locomotive; enfin une circonstance, dont il avait tiré parti avec l'habileté d'un homme supérieur, n'avait laissé aucun doute sur son invulnérabilité. La voici :

Le meurtre de Gaëtano avait fait grand bruit, et le prince de Carini avait donné des ordres à tous les commandans de compagnie, afin qu'ils tâchassent de s'emparer de l'assassin, qui, du reste, offrait beau jeu à ceux qui le poursuivaient par l'audace de sa conduite. Ils avaient, en conséquence, transmis ces ordres à leurs agens, et le chef de la justice de Spadafora fut prévenu un matin que Pascal Bruno était passé dans le village pendant la nuit pour aller à Divieto. Il plaça, les deux nuits suivantes, des hommes en embuscade sur la route, pensant qu'il reviendrait par le même chemin qu'il avait suivi en allant, et que pour son retour il profiterait de l'obscurité.

Fatigués d'avoir veillé deux nuits, le matin du troisième jour, qui était un dimanche, les miliciens se réunirent à un cabaret situé à vingt pas de la route; ils étaient en train d'y déjeuner, lorsqu'on leur annonça que Pascal Bruno descendait tranquillement la montagne du côté de Divieto. Comme ils n'avaient pas le temps d'aller reprendre leur embuscade, ils attendirent où ils étaient, et lorsqu'il ne fut plus qu'à cinquante pas de l'auberge, ils sortirent et se rangèrent en bataille devant la porte, sans cependant paraître faire attention à lui. Bruno vit tous ces préparatifs d'attaque sans paraître s'en inquiéter, et, au lieu de rebrousser chemin, ce qui lui aurait été facile, il mit son cheval au galop et continua sa route. Lorsque les miliciens virent quelle était son intention, ils préparèrent leurs armes, et, au moment où il passait devant eux, toute la compagnie le salua d'une décharge générale; mais ni le cheval ni le cavalier n'en furent atteints, et l'homme et l'animal sortirent sains et saufs du tourbillon de fumée qui les avait un instant enveloppés : les miliciens se regardèrent en secouant la tête et allèrent raconter au chef de la justice de Spadafora ce qui venait de leur arriver.

Le bruit de cette aventure se répandit le même soir à Bauso, et quelques imaginations, plus actives que les autres, commencèrent à penser que Pascal Bruno était enchanté, et que le plomb et le fer s'aplatissaient et s'émoussaient en frappant contre lui. Le lendemain cette assertion fut confirmée par une preuve irrécusable : on trouva accrochée à la porte du juge de Bauso la veste de Pascal Bruno percée de treize coups de feu, et contenant dans ses poches les treize balles aplaties. Quelques esprits forts soutinrent bien, et parmi ceux-ci était César Alletto, notaire à Calvaruso, de la bouche duquel nous tenons ces détails, que c'était le bandit lui-même qui, échappé miraculeusement à la fusillade, et voulant mettre à profit cette circonstance, avait suspendu sa veste à un arbre et avait tiré les treize coups de feu dont elle portait la marque; mais la majorité n'en demeura pas moins convaincue de l'enchantement, et la crainte qu'inspirait déjà Pascal s'en augmenta considérablement. Cette crainte était telle, et Bruno était si convaincu que des classes inférieures elle avait gagné les classes supérieures, que, quelques mois avant l'époque où nous sommes arrivés, ayant eu besoin, pour une de ses œuvres philanthropiques (il s'agissait de rebâtir une auberge brûlée), de deux cents onces d'or, il s'était adressé au prince de Butera pour faire l'emprunt de cette somme, lui indiquant un endroit de la montagne où il irait la prendre, en l'invitant à l'y enfouir exactement, afin que, pendant une nuit qu'il désignait au prince, il pût l'aller chercher; en cas de non exécution de cette invitation, qui pouvait passer pour un ordre, Bruno prévenait le prince que c'était une guerre ouverte entre le roi de la montagne et le seigneur de la plaine; mais que, si, au contraire, le prince avait l'obligeance de lui faire le prêt, les deux cents onces d'or lui seraient fidèlement rendues sur la première somme qu'il enlèverait au trésor royal.

Le prince de Butera était un de ces types comme il n'en existe plus guère dans nos époques modernes : c'était un reste de la vieille seigneurie sicilienne, aventureuse et chevaleresque comme ces Normands qui ont fondé leur constitution et leur société. Il s'appelait Hercule, et semblait taillé sur le modèle de son antique patron. Il assommait un cheval rétif d'un coup de poing, brisait sur son genou une barre de fer d'un demi-pouce d'épaisseur et tordait une piastre. Un événement où il avait fait preuve d'un grand sang-froid l'avait rendu l'idole du peuple de Palerme : en 1770, le pain avait manqué dans la ville, une émeute s'en était suivie; le gouverneur en avait appelé à l'*ultima ratio*, le canon était braqué dans la rue de Tolède, le peuple marchait sur le canon, et l'artilleur, la mèche à la main, allait tirer sur le peuple, lorsque le prince de Butera alla s'asseoir sur la bouche de la pièce, comme il aurait fait sur un fauteuil, et de là commença un discours tellement éloquent et rationnel que le peuple se retira à l'instant même, et que l'artilleur, la mèche et le canon rentrèrent vierges à l'arsenal. Mais ce n'était pas encore à ce seul motif qu'il devait sa popularité.

Tous les matins il allait se promener sur la terrasse qui dominait la place de la Marine, et comme au point du jour les portes de son palais étaient ouvertes pour tout le monde, il y trouvait toujours nombreuse compagnie de pauvres gens ; il portait ordinairement pour cette tournée un grand gilet de peau de daim dont les immenses poches devaient tous les matins être remplies, par son valet de chambre, de carlins et de demi-carlins, qui disparaissaient jusqu'au dernier pendant cette promenade, et cela avec une manière de faire et de dire qui n'appartenait qu'à lui ; de sorte qu'il semblait toujours prêt à assommer ceux auxquels il faisait l'aumône. — Excellence, disait une pauvre femme entourée de sa famille, ayez pitié d'une pauvre mère qui a cinq enfans. — Belle raison ! répondait le prince en colère ; est-ce moi qui te les ai faits ? — Et avec un geste menaçant il laissait tomber dans son tablier une poignée de monnaie. —Signor principe, disait un autre, je n'ai pas de quoi manger. — Imbécile! répondait le prince en lui allongeant un coup de poing qui le nourrissait pour huit jours, est-ce que je fais du pain, moi? va-t'en chez le boulanger¹. Aussi quand le prince passait par les rues toutes les têtes se découvraient, comme lorsque M. de Beaufort passait par les halles; mais, plus puissant encore que le Frondeur français, il n'aurait eu qu'un mot à dire pour se faire roi de Sicile; il n'en eut jamais l'idée, et il resta prince de Butera, ce qui valait bien autant.

Cette libéralité avait cependant trouvé un censeur, et cela dans la maison même du prince : ce censeur était son maître-d'hôtel. On doit comprendre qu'un homme du caractère que nous avons essayé d'indiquer devait surtout appliquer à ses dîners ce luxe et cette

---

1 Voir pour plus amples détails sur cet homme singulier, dont j'ai trouvé la mémoire si vivante en Sicile qu'on le croirait mort d'hier, les souvenirs si spirituels et si amusans de Palmieri de Micciché.

magnificence qui lui étaient si naturels; aussi tenait-il littéralement table ouverte et tous les jours avait-il à sa table vingt-cinq ou trente convives au moins, parmi lesquels sept ou huit lui étaient toujours inconnus, tandis que d'autres s'y asseyaient au contraire avec la régularité de pensionnaires de table d'hôte. Parmi ces derniers, il y avait un certain capitaine Altavilla, qui avait gagné ses épaulettes en suivant le cardinal Ruffo de Palerme à Naples, et qui était revenu de Naples à Palerme avec une pension de mille ducats. Malheureusement le capitaine avait le défaut d'être tant soit peu joueur, ce qui eût rendu sa retraite insuffisante à ses besoins, s'il n'avait trouvé deux moyens à l'aide desquels son traitement trimestriel était devenu la part la moins importante de son revenu : le premier de ces moyens, et celui-là, comme je l'ai dit, était à la portée de tout le monde, le premier de ces moyens, dis-je, était de dîner tous les jours chez le prince, et le second, de mettre religieusement, chaque jour, en se levant de table, son couvert d'argent dans sa poche. Cette manœuvre dura quelque temps sans que cette soustraction quotidienne fût remarquée ; mais, si bien garnis que fussent les dressoirs du prince, on commença de s'apercevoir qu'il s'y formait des vides. Les soupçons du majordome tombèrent aussitôt sur le santa-fede [1] ; il l'épia avec attention, et il ne lui fallut qu'une surveillance de deux ou trois jours pour changer ses soupçons en certitude. Il en avertit aussitôt le prince, qui réfléchit un moment, puis qui répondit que, tant que le capitaine ne prendrait que son couvert, il n'y avait rien à dire ; mais que, s'il mettait dans sa poche ceux de ses voisins, il verrait alors à prendre une résolution. En conséquence, le capitaine Altavilla était resté un des hôtes les plus assidus de son excellence le prince Hercule de Butera.

Ce dernier était à Castrogiovanni, où il avait une villa, lorsqu'on lui apporta la lettre de Bruno. Il la lut et demanda si le messager attendait la réponse. On lui dit que non, et il

---

[1] On appelait santafede ceux qui avaient suivi le cardinal Ruffo dans sa conquête de Naples.

mit la lettre dans sa poche avec le même sang-froid que si c'était une missive ordinaire.

La nuit fixée par Bruno arriva : l'endroit qu'il avait désigné était situé sur la croupe méridionale de l'Etna, près d'un de ces mille volcans éteints qui doivent leur flamme d'un jour à sa flamme éternelle, et dont l'existence éphémère a suffi pour détruire des villes. On appelait celui-là le Montebaldo ; car chacune de ces collines terribles a reçu un nom en sortant de la terre. A dix minutes de chemin de sa base s'élevait un arbre colossal et isolé appelé le *Châtaignier des cent chevaux*, parce qu'à l'entour de son tronc, qui a 178 pieds de circonférence, et sous son feuillage, qui forme à lui seul une forêt, on peut abriter cent cavaliers avec leurs montures. C'était dans la racine de cet arbre que Pascal venait chercher le dépôt qui devait lui être confié. En conséquence, il partit sur les onze heures de Centorbi, et vers minuit il commença, aux rayons de la lune, à apercevoir l'arbre gigantesque et la petite maison bâtie entre les tiges différentes de l'arbre, et qui sert à renfermer la récolte immense de ses fruits. Au fur et à mesure qu'il approchait, Pascal croyait distinguer une ombre debout contre un des cinq troncs qui puisent leur sève à la même racine. Bientôt cette ombre prit un corps ; le bandit s'arrêta et arma sa carabine en criant :

— Qui vive ?
— Un homme, parbleu ! dit une voix forte ; as-tu cru que l'argent viendrait tout seul ?
— Non, sans doute, reprit Bruno ; mais je n'aurais pas cru que celui qui l'apporterait serait assez hardi pour m'attendre.
— Alors c'est que tu ne connaissais pas le prince Hercule de Butera, voilà tout.
— Comment ! c'est vous-même, monseigneur ? dit Bruno, rejetant sa carabine sur son épaule et s'avançant le chapeau à la main vers le prince.
— Oui, c'est moi, drôle ; c'est moi qui ai pensé qu'un bandit pouvait avoir besoin d'argent comme un autre homme, et qui n'ai pas voulu refuser ma bourse, même à un bandit. Seulement il m'a pris fantaisie de la lui ap-

porter moi-même, afin que le bandit ne crût pas que je la lui donnais par peur.

— Votre excellence est digne de sa réputation, dit Bruno.

— Et toi, es-tu digne de la tienne? répondit le prince.

— C'est selon celle qu'on m'a faite devant vous, monseigneur; car je dois en avoir plus d'une.

— Allons, continua le prince, je vois que tu ne manques ni d'esprit ni de résolution; j'aime les hommes de cœur partout où je les rencontre, moi. Écoute : veux-tu changer cet habit calabrais contre un uniforme de capitaine et aller faire la guerre aux Français? Je me charge de te lever une compagnie sur mes terres et de t'acheter des épaulettes.

— Merci, monseigneur, merci, dit Bruno : votre offre est celle d'un prince magnifique; mais j'ai certaine vengeance à accomplir et qui me retient encore pour quelque temps en Sicile; après, nous verrons.

— C'est bien, dit le prince, tu es libre; mais, crois-moi, tu ferais mieux d'accepter.

— Je ne puis, excellence.

— Alors, voilà la bourse que tu m'as demandée; va-t'en au diable avec, et tâche de ne pas venir te faire pendre devant la porte de mon hôtel [1].

Bruno pesa la bourse dans sa main.

— Cette bourse est bien lourde, monseigneur, ce me semble.
— C'est que je n'ai pas voulu qu'un faquin comme toi se vantât d'avoir fixé une somme à la libéralité du prince de Butera, et qu'au lieu de deux cents onces que tu me demandais, j'en ai mis trois cents.
— Quelle que soit la somme qu'il vous a plu de m'apporter, monseigneur, elle vous sera fidèlement rendue.
— Je donne et je ne prête pas, dit le prince.
— Et moi j'emprunte ou je vole, mais je ne mendie pas, dit Bruno. Reprenez votre bourse, monseigneur; je m'adresserai au prince de Ventimille ou de la Cattolica.

[1] C'est sur la place de la Marine, en face de la porte du prince de Butera, que se font les exécutions à Palerme.

— Eh bien! soit, dit le prince. Je n'ai jamais vu de bandit plus capricieux que toi : quatre drôles de ton espèce me feraient perdre la tête; aussi je m'en vais. Adieu!

— Adieu, monseigneur, et que sainte Rosalie vous garde!...

Le prince s'éloigna, les mains dans les poches de son gilet de peau de daim, et en sifflant son air favori. Bruno resta immobile, le regardant s'en aller, et ce ne fut que lorsqu'il l'eut perdu de vue qu'il se retira de son côté en poussant un soupir.

Le lendemain l'aubergiste incendié reçut, par les mains d'Ali, les trois cents onces du prince de Butera.

CHAPITRE VI.

VI

Quelque temps après la scène que nous venons de raconter, Bruno apprit qu'un convoi d'argent, escorté par quatre gendarmes et un brigadier, allait partir de Messine pour Palerme. C'était la rançon du prince de Moncada Paterno, laquelle, par suite d'une combinaison financière qui fait le plus grand honneur à l'imagination de Ferdinand IV, venait arrondir le budget napolitain, au lieu d'aller, comme c'était sa destination première, grossir le trésor de la Casauba. — Voici, au reste, l'histoire telle qu'elle m'a été racontée sur les lieux; comme elle est aussi curieuse qu'authentique, nous pensons qu'elle mérite la peine d'être rapportée; d'ailleurs elle donnera une idée de la manière naïve dont se perçoivent les impôts en Sicile.

Nous avons dit, dans la première partie de cette histoire, comment le prince de Moncada Paterno avait été pris par des corsaires barbaresques près du petit village du Fugello, en revenant de l'île de Pantellerie; il fut conduit avec toute sa suite à Alger, et là le prix de sa rançon et celle de sa suite fut fixé amiablement à la somme de cinq cent mille piastres (2,500,000 francs de France), moitié payable avant son départ, moitié payable après son retour en Sicile.

Le prince écrivit à son intendant pour lui faire part de la position dans laquelle il se trouvait, et pour qu'il eût à lui envoyer au plus vite les deux cent cinquante mille piastres, en échange desquelles il devait recevoir sa liberté. Comme le prince de Moncada Paterno était un des seigneurs les plus riches de la Sicile, la somme fut facile à compléter et promptement expédiée en Afrique; fidèle alors à sa promesse, en véritable sectateur du prophète, le dey relâcha le prince de Paterno, sur sa parole d'honneur d'envoyer avant un an les deux cent cinquante mille écus restans. Le prince revint en Sicile, où il s'occupait à recueillir dans sa principauté l'argent nécessaire à son second paiement, lorsqu'un ordre de Ferdinand IV, basé sur ce motif qu'étant en guerre avec la régence, il ne voulait pas que ses sujets enrichissent ses ennemis, vint mettre opposition dans les mains du prince, et lui enjoignit de verser les deux cent cinquante mille piastres en question dans le trésor de Messine. Le prince de Paterno, qui était un homme d'honneur en même temps qu'un sujet fidèle, obéit à l'ordre de son souverain et à la voix de sa conscience; de sorte que la rançon lui coûta sept cent cinquante mille piastres, dont les deux tiers furent envoyés au corsaire infidèle, et l'autre tiers versé à Messine, entre les mains du prince de Carini, mandataire du pirate chrétien. C'était cette somme que le vice-roi envoyait à Palerme, siége du gouvernement, sous l'escorte de quatre gendarmes et d'un brigadier; ce dernier était chargé, en outre, de remettre de la part du prince une lettre à sa bien-aimée Gemma qu'il invitait à venir le rejoindre à Messine, où les affaires du gouvernement devaient le retenir encore quelques mois.

Le soir où le convoi devait passer près de Bauso, Bruno lâcha ses quatre chiens corses, traversa avec eux le village dont il était devenu le seigneur, et alla se mettre en embuscade sur la route entre Divieto et Spadafora; il y était depuis une heure à peu près lorsqu'il entendit le roulement d'un caisson et le pas d'une troupe de cavaliers. Il regarda si sa carabine était bien amorcée, s'assura que son stylet ne tenait pas au fourreau, siffla ses chiens, qui vinrent se coucher à ses pieds, et attendit debout au milieu de la route. Quelques minutes après, le convoi parut au tournant d'un chemin, et s'avança jusqu'à la distance de cinquante pas environ de celui qui l'attendait : c'est alors que les gendarmes aperçurent un homme, et crièrent qui vive? — Pascal Bruno, répondit le bandit, et, à un sifflement particulier, les chiens, dressés à cette manœuvre, s'élancèrent sur la petite troupe.

Au nom de Pascal Bruno, les quatre gendarmes avaient pris la fuite; les chiens, par un mouvement naturel, poursuivirent ceux qui fuyaient. Le brigadier, resté seul, tira son sabre et chargea le bandit.

Pascal porta sa carabine à son épaule avec le même sang-froid et la même lenteur que s'il s'apprêtait à tirer sur une cible, décidé à lâcher le coup seulement lorsque le cavalier ne serait plus qu'à dix pas de lui, lorsqu'au moment où il appuyait le doigt sur la gâchette, le cheval et l'homme s'abattirent dans la poussière : c'est qu'Ali avait suivi Bruno sans en rien dire, et, le voyant chargé par le brigadier, avait, comme un serpent, rampé sur la route, et avec son yatagan coupé le jarret du cheval ; quant au brigadier, n'ayant pu se retenir, tant sa chute avait été rapide et inattendue, sa tête avait porté sur le pavé, et il était évanoui.

Bruno s'approcha de lui, après s'être assuré qu'il n'avait plus rien à en craindre ; il le transporta, avec l'aide d'Ali, dans la voiture qu'un instant auparavant il escortait, et mettant la bride des chevaux dans les mains du jeune Arabe, il lui ordonna de conduire la voiture et le brigadier à la forteresse. Quant à lui, il alla au cheval blessé, détacha la carabine de la selle où elle était fixée, fouilla dans les fontes, y prit un rouleau de papier qui s'y trouvait, siffla ses chiens, qui revinrent, la gueule ensanglantée, et suivit la capture qu'il venait de faire.

Arrivé dans la cour de la petite forteresse, il ferma la porte derrière lui, prit sur ses épaules le brigadier toujours évanoui, le porta dans une chambre et le coucha sur le matelas où il avait l'habitude de se jeter lui-même tout habillé; puis, soit oubli, soit imprudence, il posa dans un coin la carabine qu'il avait détachée de la selle, et sortit de la chambre.

Cinq minutes après le brigadier rouvrit les yeux, regarda autour de lui, se trouva dans un lieu qui lui était parfaitement inconnu, et, se croyant sous l'empire d'un rêve, il se tâta lui-même pour savoir s'il était bien éveillé. Ce fut alors que, sentant une douleur au front, il y porta la main, et, la retirant pleine de sang, s'aperçut qu'il était blessé. Cette blessure fut un point de souvenir pour sa mémoire; alors il se rappela qu'il avait été arrêté par un seul homme, lâchement abandonné par ses gendarmes, et qu'au moment où il s'élançait sur cet homme son cheval s'était abattu. Passé cela, il ne se souvenait plus de rien.

C'était un brave que ce brigadier; il sentait quelle responsabilité pesait sur lui, et son cœur se serra de colère et de honte; il regarda autour de la chambre, essayant de s'orienter; mais tout lui était absolument inconnu; il se leva, alla à la fenêtre, vit qu'elle donnait sur la campagne. Alors un espoir lui vint, c'était de sauter par cette fenêtre, d'aller chercher main-forte et de revenir prendre sa revanche; il avait déjà ouvert la fenêtre pour exécuter ce projet, lorsque, jetant un dernier regard dans la chambre, il aperçut sa carabine placée presque à la tête de son lit; à cette vue, le cœur lui battit violemment, car une autre pensée que celle de la fuite s'empara aussitôt de son esprit; il regarda s'il était bien seul, et, lorsqu'il se fut assuré qu'il n'avait été et ne pouvait être vu de personne, il saisit vivement l'arme dans laquelle il voyait un moyen de salut plus hasardé, mais de vengeance plus prompte, s'assura vivement qu'elle était amorcée en levant la batterie, qu'elle était chargée en passant la baguette dans le canon; puis, la remettant à la même place, il alla se recoucher comme s'il n'avait pas encore repris ses sens. A peine était-il étendu sur le lit, que Bruno rentra.

Il portait à la main une branche de sapin allumée, qu'il jeta dans l'âtre, et qui communiqua sa flamme au bois préparé pour la recevoir; puis il alla à une armoire pratiquée dans le mur, en tira deux assiettes, deux verres, deux fiasques de vin, une épaule de mouton rôtie, posa le tout sur la table, et parut attendre que le brigadier fût revenu de son évanouissement pour lui faire les honneurs de ce repas improvisé.

Nous avons vu l'appartement où la scène que nous racontons s'est passée; c'était une chambre plus longue que large, ayant une seule fenêtre à un angle, une seule porte à l'autre, et la cheminée entre elles deux. Le brigadier, qui est maintenant capitaine de gendarmerie à Messine, et qui nous a raconté lui-même ces détails, était couché, comme nous l'avons dit, parallèlement à la croisée; Bruno était debout devant la cheminée, les yeux fixés vaguement du côté de la porte, et paraissait de plus en plus s'enfoncer dans une rêverie profonde.

C'était le moment qu'avait attendu le brigadier, moment décisif où il s'agissait de jouer le tout pour le tout, vie pour vie, tête pour tête. Il se souleva en s'appuyant sur sa main gauche, étendit, lentement et sans perdre de vue Bruno, la main vers la carabine, la prit entre la sous-garde et la crosse, puis resta un moment ainsi sans oser faire un mouvement de plus, effrayé des battemens de son cœur, que le bandit aurait pu entendre s'il n'avait été si profondément distrait ; enfin, voyant qu'il se livrait, pour ainsi dire lui-même, il reprit confiance, se souleva sur un genou, jeta un dernier regard sur la fenêtre, son seul moyen de retraite, appuya l'arme sur son épaule, ajusta Bruno en homme qui sait que sa vie dépend de son sang-froid et lâcha le coup.

Bruno se baissa tranquillement, ramassa quelque chose à ses pieds, regarda l'objet à la lumière, et se retournant vers le brigadier muet et stupide d'étonnement :

— Camarade, lui dit-il, quand vous voudrez tirer sur moi, prenez des balles d'argent, ou sans cela, voyez, elles s'aplatiront comme celle-ci. Au reste, je suis bien aise que vous soyez revenu à vous, je commençais à avoir faim, et nous allons souper.

Le brigadier était resté dans la même posture, les cheveux hérissés et la sueur sur le front. Au même instant la porte s'ouvrit, et Ali, son yatagan à la main, s'élança dans la chambre.

— Ce n'est rien, mon enfant, ce n'est rien, lui dit Bruno en langue franque; le brigadier a déchargé sa carabine, voilà tout. Va donc te coucher tranquillement et ne crains rien pour moi. Ali sortit sans répondre et alla s'étendre en travers de la première porte, sur la peau de panthère qui lui servait de lit.

— Eh bien! continua Bruno se retournant vers le brigadier et versant du vin dans les deux verres, ne m'avez-vous pas entendu?

— Si fait, répondit le brigadier en se levant, et puisque je n'ai pas pu vous tuer, fussiez-vous le diable, je boirai avec vous.

A ces mots, il marcha d'un pas ferme vers

la table, prit le verre, trinqua avec Bruno et vida le vin d'un seul trait.

— Comment vous appelez-vous? dit Bruno.

— Paolo Tommasi, brigadier de gendarmerie, pour vous servir.

— Eh bien! Paolo Tommasi, continua Bruno en lui mettant la main sur l'épaule, vous êtes un brave, et j'ai envie de vous faire une promesse.

— Laquelle?

— C'est de ne laisser gagner qu'à vous seul les trois mille ducats qu'on a promis pour ma tête.

— Vous avez là une bonne idée, répondit le brigadier.

— Oui; mais elle demande à être mûrie, dit Bruno; en attendant, comme je ne suis pas encore las de vivre, asseyons-nous et soupons; plus tard nous reparlerons de la chose.

— Puis-je faire le signe de la croix avant de manger? dit Tommasi.

— Parfaitement, répondit Bruno.

— C'est que j'avais peur que cela ne vous gênât. On ne sait pas quelquefois.

— En aucune manière.

Le brigadier fit le signe de la croix, se mit à table, et commença à attaquer l'épaule de mouton en homme qui a la conscience parfaitement tranquille et qui sait qu'il a fait, dans une circonstance difficile, tout ce qu'un brave soldat peut faire. Bruno lui tint noblement tête, et certes, à voir ces deux hommes, mangeant à la même table, buvant à la même bouteille, tirant au même plat, on n'aurait pas dit que, chacun à son tour, et dans l'espace d'une heure, ils venaient réciproquement de faire tout ce qu'ils avaient pu pour se tuer.

Il y eut un instant de silence, produit moitié par l'occupation importante à laquelle se livraient les convives, moitié par la préoccupation de leur esprit. Paolo Tommasi le rompit le premier pour exprimer la double pensée qui le préoccupait :

— Camarade, dit-il, on mange bien chez

vous; il faut en convenir, vous avez de bon vin, c'est vrai; vous faites les honneurs de votre table en bon convive, à merveille; mais je vous avoue que je trouverais tout cela meilleur si je savais quand je sortirai d'ici.

— Mais demain matin, je présume.

— Vous ne me garderez donc pas prisonnier?

— Prisonnier! et que diable voulez-vous que je fasse de vous?

— Hem! dit le brigadier. Voilà qui est déjà pas mal. Mais, continua-t-il avec un embarras visible, ce n'est pas tout.

— Qu'y a-t-il encore? dit Bruno lui versant à boire.

— Il y a, il y a, continua le brigadier regardant la lampe à travers son verre; il y a... c'est une question assez délicate, voyez-vous.

— Parlez : j'écoute.

— Vous ne vous fâcherez pas?

— Il me semble que vous devriez connaître mon caractère.

— C'est vrai, vous n'êtes pas susceptible, je sais bien. Je disais donc qu'il y a, ou qu'il y avait... que je n'étais pas seul sur la route.

— Oui, oui, il y avait quatre gendarmes.

— Oh! je ne parle pas d'eux; je parle d'un..... d'un certain fourgon. Voilà le mot lâché.

— Il est dans la cour, dit Bruno regardant à son tour la lampe à travers son verre.

— Je m'en doute bien, répondit le brigadier; mais vous comprenez, je ne peux pas m'en aller sans mon fourgon.

— Aussi vous vous en irez avec.

— Et intact?

— Heim! fit Bruno, il y manquera peu de chose relativement à la somme; je n'y prendrai que ce dont j'ai strictement besoin.

— Et êtes-vous bien gêné?

— Il me faut deux mille onces.

— Allons, c'est raisonnable, dit le brigadier, et bien des gens ne seraient pas aussi délicats que vous.

— D'ailleurs, soyez tranquille, je vous donnerai un récépissé, dit Bruno.

— A propos de récépissé, s'écria le brigadier en se levant, j'avais des papiers dans mes fontes!

— N'en soyez pas inquiet, dit Bruno, les voilà.

— Ah! vous me rendez bien service de me les rendre.

— Oui, dit Bruno, je le comprends, car je me suis assuré de leur importance : le premier est votre brevet de brigadier, et j'y ai mis une apostille constatant que vous vous êtes assez bien conduit pour passer maréchal-des-logis; le second est mon signalement : je me suis permis d'y faire quelques petites rectifications, par exemple aux signes particuliers j'ai ajouté *incantato;* enfin le troisième est une lettre de son excellence le vice-roi à la comtesse Gemma de Castelnuovo, et j'ai trop de reconnaissance à cette dame de ce qu'elle me prête son château pour mettre des entraves à sa correspondance amoureuse. Voici donc vos papiers, mon brave; un dernier coup à votre santé et dormez tranquille. Demain, à cinq heures, vous vous mettrez en route; il est plus prudent, croyez-moi, de voyager le jour que la nuit; car peut-être n'auriez-vous pas toujours le bonheur de tomber en aussi bonnes mains.

— Je crois que vous avez raison, dit Tommasi serrant ses papiers; et vous me faites l'effet d'être encore plus honnête homme que beaucoup d'honnêtes gens que je connais.

— Je suis bien aise de vous laisser dans de pareilles idées, vous en dormirez plus tranquille. A propos, je dois vous prévenir d'une chose, c'est de ne pas descendre dans la cour, car mes chiens pourraient bien vous dévorer.

— Merci de l'avis, répondit le brigadier.

— Bonne nuit, dit Bruno; et il sortit laissant le brigadier libre de prolonger indéfiniment son souper ou de s'endormir.

Le lendemain à cinq heures, comme la chose était convenue, Bruno rentra dans la chambre de son hôte; il était debout et prêt à partir; il descendit avec lui et le conduisit à la porte. Il y trouva le fourgon tout attelé et un cheval de selle magnifique sur lequel on avait eu le soin de transporter tout le fourniment de celui que le yatagan d'Ali avait mis hors de service. Bruno pria son ami Tommasi d'accepter ce cadeau comme un souvenir de lui. Le brigadier ne se fit aucunement prier; il enfourcha sa monture, fouetta l'attelage du fourgon et partit paraissant enchanté de sa nouvelle connaissance.

Bruno le regarda s'éloigner; puis, lorsqu'il fut à vingt pas : — Surtout, lui cria-t-il, n'oubliez pas de remettre à la belle comtesse Gemma la lettre du prince de Carini. — Tommasi fit un signe de tête et disparut à l'angle de la route.

Maintenant, si nos lecteurs nous demandent comment Pascal Bruno n'a pas été tué par le coup de carabine de Paolo Tommasi, nous leur répondrons ce que nous a répondu il signor Cesare Aletto, notaire à Calvaruso : C'est qu'il est probable que dans le trajet de la grande route à la forteresse, le bandit avait pris la précaution d'enlever la balle de la carabine. Quant à Paolo Tommasi, il a toujours trouvé plus simple de croire qu'il y avait magie.

Nous livrons à nos lecteurs les deux opinions, et nous les laissons parfaitement libres d'adopter celle qui leur conviendra.

CHAPITRE VII.

VII

On comprend facilement que le bruit de pareils exploits ne restait pas circonscrit dans la juridiction du village de Bauso. Aussi n'était-il question par toute la Sicile que du hardi brigand qui s'était emparé de la forteresse de Castelnuovo, et qui de là, comme un aigle de son aire, s'abattait sur la plaine, tantôt pour attaquer les grands, tantôt pour défendre les petits. Nos lecteurs ne s'étonneront donc pas d'entendre prononcer le nom de notre héros dans les salons du prince de Butera, qui donnait une fête dans son hôtel de la place de la Marine.

Avec le caractère que nous connaissons au prince, on comprend ce que devait être une fête donnée par lui. Celle-là surtout allait vraiment au-delà de tout ce que l'imagination peut rêver de plus splendide. C'était quelque chose comme un conte arabe; aussi le souvenir s'en est-il perpétué à Palerme, quoique Palerme soit la ville des féeries.

Qu'on se figure des salons splendides, entièrement couverts de glaces depuis le plafond jusqu'au parquet, et conduisant, les uns à des allées de treillages parquetées, du sommet desquelles pendaient les plus beaux raisins de Syracuse et de Lipari ; les autres à des carrés formés par des orangers et des grenadiers en fleurs et en fruits; les premiers servant à danser les gigues anglaises, les autres des contredanses de France. Quant aux valses, elles s'entrelaçaient autour de deux vastes bassins de marbre, de chacun desquels jaillissait une magnifique gerbe d'eau. De ces différentes salles de danse partaient des chemins sablés de poudre d'or. Ces chemins conduisaient à une petite colline entourée de fontaines d'argent, contenant tous les rafraîchissemens qu'on pouvait désirer, et ombragée par des arbres qui, au lieu de fruits naturels, portaient des fruits glacés. Enfin, au sommet de cette colline, faisant face aux chemins qui y conduisaient, était un buffet à quatre pans, constamment renouvelé au moyen d'un mécanisme intérieur. Quant aux musiciens, ils étaient invisibles, et le bruit seul des instrumens arrivait jusqu'aux convives; on eût dit une fête donnée par les génies de l'air.

Maintenant que, pour animer cette décoration magique, on se représente les plus belles femmes et les plus riches cavaliers de Palerme, vêtus de costumes de caractères plus brillans ou plus bizarres les uns que les autres, le masque au visage ou à la main, respirant cet air embaumé, s'enivrant de cette mélodie invisible, rêvant ou parlant d'amour, et l'on sera encore loin de se faire de cette soirée un tableau pareil au souvenir qu'en avaient conservé, à mon passage à Palerme, c'est-à-dire trente-deux ans après l'événement, les personnes qui y avaient assisté.

Parmi les groupes qui circulaient dans ces allées et dans ces salons, il y en avait un surtout qui attirait plus particulièrement les regards de la foule; c'était celui qui s'était formé à la suite de la belle comtesse Gemma, et qu'elle entraînait après elle comme un astre fait de ses satellites : elle venait d'arriver à l'instant même avec une société de cinq personnes, qui avait adopté, ainsi qu'elle, le costume des jeunes femmes et des jeunes seigneurs qui, dans la magnifique page écrite par le pinceau d'Orgagna sur les murs du Campo-Santo de Pise, chantent et se réjouissent pendant que la mort vient frapper à leur porte. Cet habit du treizième siècle, si naïf et si élégant à la fois, semblait choisi exprès pour faire ressortir l'exquise proportion de ses formes, et elle s'avançait au milieu d'un

murmure d'admiration, conduite par le prince
de Butera lui-même, qui, déguisé en manda-
rin, l'avait reçue à la porte d'entrée et la pré-
cédait pour la présenter, disait-il, à la fille
de l'empereur de la Chine. Comme on pré-
sumait que c'était quelque surprise nouvelle
ménagée par l'amphitryon, on suivait avec
empressement le prince, et le cortége se gros-
sissait à chaque pas. Il s'arrêta à l'entrée
d'une pagode gardée par deux soldats chinois,
qui, sur un signe, ouvrirent la porte d'un
appartement entièrement décoré d'objets exo-
tiques, et au milieu duquel, sur une estrade
était assise, dans un costume magnifique de
Chinoise, qui avait à lui seul coûté trente
mille francs, la princesse de Butera, qui, dès
qu'elle aperçut la comtesse, vint au-devant
d'elle suivie de toute une cour d'officiers, de
mandarins et de magots, plus brillans, plus
rébarbatifs, ou plus bouffons les uns que les
autres. Cette apparition avait quelque chose
de si oriental et de si fantastique, que toute
cette société, si habituée cependant au luxe
et à la magnificence, se récria d'étonnement.
On entourait la princesse, on touchait sa robe

brodée de pierreries, on faisait sonner les clochettes d'or de son chapeau pointu, et un instant l'attention abandonna la belle Gemma pour se concentrer entièrement sur la maîtresse de la maison. Chacun la complimentait et l'admirait, et parmi les complimenteurs et les admirateurs les plus exagérés était le capitaine Altavilla, que le prince avait continué de recevoir à ses dîners, à la grande désolation de son maître-d'hôtel, et qui, comme déguisement sans doute, avait revêtu son grand uniforme.

— Eh bien ! dit le prince de Butera à la princesse de Castelnuovo, que dites-vous de la fille de l'empereur de la Chine ?

— Je dis, répondit Gemma, qu'il est fort heureux pour sa majesté Ferdinand IV que le prince de Carini soit à Messine en ce moment, attendu qu'avec le cœur que je lui connais il pourrait bien, pour un regard de la fille, livrer la Sicile au père, ce qui nous forcerait de faire de nouvelles vêpres contre les Chinois.

En ce moment le prince de Moncada-Paterno, vêtu en brigand calabrais, s'approcha de la princesse.

— Sa hautesse me permettra-t-elle, en ma qualité de connaisseur, d'examiner son magnifique costume?

— Sublime fille du Soleil, dit le capitaine Altavilla désignant le prince, prenez garde à vos clochettes d'or, car je vous préviens que vous avez affaire à Pascal Bruno.

— La princesse serait peut-être plus en sûreté près de Pascal Bruno, dit une voix, que près de certain *Santafedé* de ma connaissance. Pascal Bruno est un meurtrier et non un filou, un bandit et non un coupeur de bourses.

— Bien répondu, dit le prince de Butera.

Le capitaine se mordit les lèvres.

— A propos, continua le prince de la Cattolica, savez-vous sa dernière prouesse?

— A qui?

— A Pascal Bruno.

— Non; qu'a-t-il fait?

— Il a arrêté le convoi d'argent que le prince de Carini envoyait à Palerme.

— Ma rançon! dit le prince de Paterno.

— Oh ! mon Dieu, oui ; excellence, vous êtes voué aux infidèles.

— Diable ! pourvu que le roi n'exige pas que je lui en tienne compte une seconde fois ! reprit Moncada.

— Que votre excellence se rassure, dit la même voix qui avait déjà répondu à Altavilla : Pascal Bruno, n'a pris que deux mille onces.

— Et comment savez-vous cela, seigneur Albanais ? dit le prince de la Cattolica, qui se trouvait près de celui qui avait parlé, lequel était un beau jeune homme de vingt-six à vingt-huit ans, portant le costume de Vina[1].

— Je l'ai entendu dire, répondit négligemment le Grec en jouant avec son yatagan ; d'ailleurs, si votre excellence désire des renseignemens plus positifs, voici un homme qui peut lui en donner.

Celui qu'on désignait ainsi à la curiosité

---

[1] Colonie albanaise qui a émigré lors de la prise de Constantinople par Mahomet II, et qui a religieusement conservé le costume de ses ancêtres.

publique n'était autre que notre ancienne connaissance, Paolo Tommasi, qui, esclave de sa consigne, s'était fait conduire, aussitôt son arrivée, chez la comtesse de Castelnuovo, et qui, ne la trouvant pas chez elle, et la sachant à la fête, s'était servi de sa qualité d'envoyé du vice-roi pour pénétrer dans les jardins du prince de Butera; en un instant il se trouva le centre d'un immense cercle et l'objet de mille questions. Mais Paolo Tommasi était, comme nous l'avons vu, un brave qui ne s'effarouchait pas facilement; il commença donc par remettre la lettre du prince à la comtesse.

— Prince, dit Gemma après avoir lu la missive qu'elle venait de recevoir, vous ne vous doutez pas que vous me donniez une fête d'adieu; le vice-roi m'ordonne de me rendre à Messine, et, en fidèle sujette que je suis, je me mettrai en route dès demain. Merci, mon ami, continua-t-elle en donnant sa bourse à Paolo Tommasi; maintenant vous pouvez vous retirer.

Tommasi essaya de profiter de la permission de la comtesse; mais il était trop bien entouré pour battre facilement en retraite. Il lui fallut se rendre à discrétion, et la condition de sa liberté fut le récit exact de sa rencontre avec Pascal Bruno.

Il la raconta, il faut lui rendre justice, avec toute la simple naïveté du vrai courage; il dit, sans rien ajouter à ses auditeurs, comment il avait été fait prisonnier, comment il avait été conduit à la forteresse de Castelnuovo, comment il avait tiré, sans résultat, sur le bandit, et comment enfin celui-ci l'avait renvoyé en lui faisant cadeau d'un magnifique cheval en remplacement de celui qu'il avait perdu : tout le monde écouta ce récit, empreint de vérité, avec le silence de l'attention et de la foi, à l'exception du capitaine Altavilla, qui éleva quelques doutes sur la véracité de l'honnête brigadier; mais heureusement pour Paolo Tommasi, le prince de Butera lui-même vint à son secours.

— Je parierais, dit-il, que rien n'est plus vrai que ce que vient de dire cet homme, car tous ces détails me paraissent être parfaitement dans le caractère de Pascal Bruno.

— Vous le connaissez donc? dit le prince de Moncada Paterno.

— J'ai passé une nuit avec lui, répondit le prince de Butera.

— Et où cela?

— Sur vos terres.

Alors ce fut le tour du prince; il raconta comment Pascal et lui s'étaient rencontrés au châtaignier des cent chevaux; comment lui, le prince de Butera, avait offert du service qu'il avait refusé, et comment enfin il lui avait prêté trois cents onces. A ce dernier trait, Altavilla ne put retenir son hilarité.

— Et vous croyez qu'il vous les rendra, monseigneur? lui dit-il.

— J'en suis sûr, répondit le prince.

— Pendant que nous y sommes, interrompit la princesse de Butera, y a-t-il quelqu'un encore dans la société qui ait vu Pascal Bruno, et qui lui ait parlé? j'adore les histoires de brigands, elles me font mourir de peur.

— Il y a encore la comtesse Gemma de Castelnuovo, dit l'Albanais.

Gemma tressaillit; tous les regards se tournèrent vers elle comme pour l'interroger.

— Serait-ce vrai? s'écria le prince.
— Oui, répondit en tressaillant Gemma, mais je l'avais oublié.
— Il s'en souvient, lui, murmura le jeune homme.

On se pressa autour de la comtesse, qui voulut en vain s'en défendre; il lui fallut, à son tour, raconter la scène par laquelle nous avons ouvert ce récit, dire comment Bruno avait pénétré dans sa chambre, comment le prince avait tiré sur lui, et comment celui-ci, pour se venger, avait pénétré dans la villa, le jour de la noce, et tué le mari de Teresa; cette histoire était la plus terrible de toutes; aussi laissa-t-elle dans l'esprit des auditeurs une profonde émotion. Quelque chose comme un frisson courait par toute cette assemblée, et, n'étaient ces toilettes et ces parures, on n'aurait pas cru assister à une fête.

— Sur mon honneur, dit le capitaine Altavilla rompant le premier le silence, le bandit vient de commettre son plus grand crime en attristant ainsi la fête de notre hôte : j'aurais pu lui pardonner ses autres méfaits, mais celui-ci, je jure par mes épaulettes que j'en tirerai vengeance; et, à compter de ce moment, je me voue à sa poursuite.

— Parlez-vous sérieusement, capitaine Altavilla? dit l'Albanais.

— Oui, sur mon honneur; et j'affirme ici que je ne désire rien tant que de me trouver face à face avec lui.

—C'est chose possible, dit froidement l'Albanais.

— A celui qui me rendrait ce service, continua Altavilla, je donnerais....

— C'est inutile de fixer une récompense, capitaine, je connais un homme qui vous rendra ce service pour rien.

— Et cet homme, où pourrai-je le rencontrer? reprit Altavilla en affectant un sourire de doute.

— Si vous voulez me suivre, je m'engage à vous le dire. — Et à ces mots l'Albanais s'éloigna comme pour inviter le capitaine à marcher derrière lui.

Le capitaine hésita un instant, mais il s'était trop avancé pour reculer; tous les yeux étaient tournés vers lui, il comprit que la moindre faiblesse le perdrait de réputation; d'ailleurs il prenait la proposition pour une plaisanterie.

— Allons, s'écria-t-il, tout pour l'honneur des dames! Et il suivit l'Albanais.

— Savez-vous quel est ce jeune seigneur déguisé en Grec? dit d'une voix tremblante la comtesse au prince de Butera.

— Non, sur mon âme, répondit le prince; quelqu'un le sait-il?

Chacun se regarda, mais personne ne répondit.

— Avec votre permission, dit Paolo Tommasi en portant la main à son chapeau, je le sais, moi.

— Et quel est-il, mon brave brigadier?
— Pascal Bruno, monseigneur!

La comtesse jeta un cri et s'évanouit. Cet incident mit fin à la fête.

Une heure après, le prince de Butera était retiré dans sa chambre, et mettait, assis devant son bureau, ordre à quelques papiers, lorsque le maître-d'hôtel entra d'un air triomphant.

— Qu'y a-t-il, Giacomo? dit le prince.
— Je vous l'avais bien dit, monseigneur...
— Voyons, que m'avais-tu dit?
— Que votre bonté l'encouragerait.
— Qui donc?
— Le capitaine Altavilla.
— Qu'a-t-il donc fait?
— Ce qu'il a fait, monseigneur?... D'abord, votre excellence se rappelle que je l'ai prévenue qu'il mettait régulièrement son couvert d'argent dans sa poche.

— Oui, après.

— Pardon, et votre excellence a répondu que tant qu'il n'y mettrait que le sien il n'y avait rien à dire.

— Je me le rappelle.

— Eh bien ! aujourd'hui, monseigneur, il paraît qu'il y a mis non seulement le sien, mais encore celui de ses voisins; car il en manque huit.

— Alors, c'est autre chose, dit le prince.

Il prit une feuille de papier et écrivit :

« Le prince Hercule de Butera a l'honneur
» de prévenir le capitaine Altavilla que, ne
» dînant plus chez lui, et se voyant privé par
» cette circonstance fortuite du plaisir de le
» recevoir désormais, il le prie d'accepter la
» bagatelle qu'il lui envoie, comme une faible
» indemnité du dérangement que cette déter-
» mination causera dans ses habitudes. »

— Tenez, continua le prince en remettant cinquante onces au majordome [1], vous

[1] 630 francs.

porterez demain cette lettre et cet argent au capitaine Altavilla.

Giacomo, qui savait qu'il n'y avait rien à dire quand le prince avait parlé, s'inclina et sortit; le prince continua tranquillement de ranger ses papiers, puis, au bout de dix minutes, entendant quelque bruit à la porte de son cabinet, il leva la tête et aperçut une espèce de paysan calabrais debout sur le seuil de son appartement, et tenant son chapeau d'une main et un paquet de l'autre.

— Qui va là? dit le prince.
— Moi, monseigneur, dit une voix.
— Qui, toi?
— Pascal Bruno.
— Et que viens-tu faire?
— D'abord, monseigneur, dit Pascal Bruno s'avançant et renversant son chapeau plein d'or sur le bureau, d'abord je viens vous apporter les trois cents onces que vous m'avez si obligeamment prêtées : elles ont eu la destination que je vous avais indiquée; l'auberge brûlée est rebâtie.

— Ah ! ah ! tu es homme de parole ; eh bien ! j'en suis aise.

Pascal s'inclina.

— Puis, ajouta-t-il après une courte pause, je viens vous rendre huit couverts d'argent à vos armes et à votre chiffre, et que j'ai trouvés dans la poche du capitaine, qui vous les avait probablement volés.

— Pardieu ! dit le prince, il est curieux que ce soit par toi qu'ils me reviennent. Et maintenant, qu'y a-t-il dans ce paquet ?

— Il y a dans ce paquet, dit Bruno, la tête d'un misérable qui a abusé de votre hospitalité, et que je vous apporte comme une preuve du dévouement que je vous ai juré.

A ces mots, Pascal Bruno dénoua le mouchoir, et prenant la tête du capitaine Altavilla par les cheveux, il la posa toute sanglante sur le bureau du prince.

— Que diable veux-tu que je fasse d'un pareil cadeau ? dit le prince.

— Ce qu'il vous plaira, monseigneur, répondit Pascal Bruno. Puis il s'inclina et sortit.

Le prince de Butera, resté seul, demeura un instant les yeux fixés sur cette tête, se balançant sur son fauteuil et sifflant son air favori; puis il sonna : le majordome reparut.

— Giacomo, dit le prince, il est inutile que vous alliez demain matin chez le capitaine Altavilla; déchirez la lettre, gardez les cinquante onces et jetez cette charogne sur le fumier.

CHAPITRE VIII.

VIII

A l'époque où se passent les événemens que nous racontons, c'est-à-dire vers le commencement de l'année 1804, la Sicile était dans cet état presque sauvage dont l'ont tirée à moitié le séjour du roi Ferdinand et l'occupation des Anglais; la route qui va aujourd'hui de Palerme à Messine, en passant par Taormine et Catane, n'était point encore faite, et la seule qui fût, nous ne disons pas bonne, mais praticable, pour se rendre d'une capitale à l'autre, était celle qui longeait la mer, passait par Termini et Céfalu, et qui, abandonnée pour sa nouvelle rivale, n'est plus guère fréquentée aujourd'hui que par les artistes qui vont y chercher les magnifiques points de vue qu'elle déroule à chaque instant. Les seules manières de voyager sur cette route, où aucun service de poste n'était établi, étaient donc, autrefois comme maintenant, le mulet, la litière à deux chevaux, ou sa propre voiture avec des relais envoyés à l'avance, et disposés de quinze lieues en quinze lieues, de sorte qu'au moment de partir pour Messine, où le prince de Carini lui avait écrit de le venir joindre, la comtesse Gemma de Castelnuovo fut forcée de choisir entre ces trois moyens. Le voyage à mulet était trop fatigant pour elle; le voyage en litière, outre les inconvéniens de ce mode de transport, dont le principal est la lenteur, offre encore le désagrément de donner le mal de mer: la comtesse se décida donc sans hésitation aucune pour la voiture, et envoya d'avance des chevaux de relais qui devaient l'attendre aux quatre différentes stations qu'elle comptait faire en route, c'est-à-dire à Termini, à Céfalu, à Sainte-Agathe et à Melazzo.

Outre cette première précaution, qui regardait purement et simplement le transport, le courrier était chargé d'en prendre une seconde, qui était celle d'agglomérer sur les points précités la plus grande quantité de vivres possible, précaution importante et que nous ne saurions trop recommander à ceux qui voyagent en Sicile, où l'on ne trouve littéralement rien à manger dans les hôtelleries et où généralement ce ne sont point les aubergistes qui nourrissent les voyageurs, mais, au contraire, les voyageurs qui nourrissent les aubergistes. Aussi la première recommandation qu'on vous fait en arrivant à Messine, et la dernière qu'on reçoit en quittant cette ville, point ordinaire du départ, est celle de se munir de provisions, d'acheter une batterie de cuisine, et de louer un cuisinier; tout ceci augmente habituellement votre suite de deux mulets et d'un homme qui, estimés modestement au même prix, vous font un surcroît de dépense de trois ducats par jour. Quelques Anglais expérimentés ajoutent à ce bagage un troisième mulet qu'ils chargent d'une tente, et il faut bien que nous avouions ici, malgré notre prédilection pour ce magnifique pays, que cette dernière précaution, pour être moins indispensable que les autres, n'en est pas moins bonne à prendre, vu l'état déplorable des auberges qu'on trouve sur les routes, et qui, tout en manquant des animaux les plus nécessaires aux premiers besoins de la vie, sont fabuleusement peuplées de tous ceux qui ne sont bons qu'à la tourmenter. La multiplicité des derniers est si grande que j'ai vu des voyageurs qui étaient tombés malades par défaut de sommeil, et la pénurie des premiers est si grande que j'ai rencontré des Anglais qui, après avoir épuisé leurs provisions, délibéraient gravement s'ils ne mangeraient pas leur cuisinier, qui leur était devenu complètement inutile. Voilà où était réduit, en l'an de grâce 1804, la fertile et blonde Sicile, qui, du temps d'Auguste, nourrissait Rome avec le superflu de ses douze millions d'habitans.

Je ne sais si c'était un savant connaissant à fond la Sicile antique, mais à coup sûr c'était un observateur sachant bien sa Sicile moderne que celui dont on préparait le souper à l'auberge *della Croce*, auberge qui venait d'être rebâtie à neuf avec les trois cents onces du prince de Butera, et qui était située sur la route de Palerme à Messine, entre Ficarra et Patti; l'activité de l'aubergiste et de sa femme, qui, dirigés par un cuisinier étranger, s'exerçait à la fois sur du poisson, du gibier et de la volaille, prouvait que celui pour lequel la friture, les fourneaux et la broche étaient mis en réquisition tenait non seulement à ne pas manquer du nécessaire, mais encore n'était pas ennemi du superflu. Il venait de Messine, voyageait avec une voiture et des chevaux à lui, s'était arrêté là, parce que le site lui plaisait, et avait tiré de son caisson tout ce qui était nécessaire à un véritable Sybarite et à un touriste consommé, depuis les draps jusqu'à l'argenterie, depuis le pain jusqu'au vin. A peine arrivé, il s'était fait conduire à la meilleure chambre, avait allumé des parfums dans une cassolette d'argent, et attendait que son dîner fût prêt, ouché sur un riche tapis turc, en fumant dans une chibouque d'ambre, le meilleur tabac du mont Sinaï.

Il était occupé à suivre avec la plus grande attention les nuages de fumée odorante qui s'échappaient de sa bouche et allaient se condenser au plafond, lorsque la porte de la chambre s'ouvrit, et que l'aubergiste, suivi d'un domestique à la livrée de la comtesse, s'arrêta sur le seuil.

— Excellence ? dit le digne homme, s'inclinant jusqu'à terre.

— Qu'y a-t-il ? répondit sans se retourner le voyageur avec un accent maltais fortement prononcé.

— Excellence, c'est la princesse Gemma de Castelnuovo...

— Eh bien ?

— Dont la voiture est forcée de s'arrêter dans ma pauvre auberge, parce que l'un de ses chevaux boite si bas qu'elle ne peut continuer sa route.

— Après?

— Et qui comptait, ne prévoyant pas cet accident en partant ce matin de Sainte-Agathe, aller coucher ce soir à Melazzo, où l'attendent ses relais, de sorte qu'elle n'a avec elle aucune provision.

— Dites à la comtesse que mon cuisinier et ma cuisine sont à ses ordres.

— Mille grâces, au nom de ma maîtresse, excellence, dit le domestique; mais comme la comtesse sera sans doute forcée de passer la nuit dans cette auberge, attendu qu'il faudra aller chercher le relais à Melazzo et le ramener ici, et qu'elle n'a pas plus de provisions de nuit que de provisions de jour; elle fait demander à votre excellence si elle aurait la galanterie de....

— Que la comtesse fasse mieux, interrompit le voyageur; qu'elle accepte mon appartement; tout préparé qu'il est. Quant à moi, qui suis un homme habitué à la fatigue et aux privations, je me contenterai de la première chambre venue. Descendez donc prévenir la comtesse qu'elle peut monter, et que l'appartement est libre, tandis que notre digne hôte va me placer du mieux qu'il lui sera possible. A ces mots, le voyageur se leva et suivit l'aubergiste : quant au domestique, il redescendit immédiatement pour accomplir sa commission.

Gemma accepta l'offre du voyageur comme une reine à qui son sujet fait hommage, et non comme une femme à qui un étranger rend service; elle était tellement habituée à voir tout plier à sa volonté, tout céder à sa voix, tout obéir à son geste, qu'elle trouva parfaitement simple et naturelle l'extrême galanterie du voyageur. Il est vrai qu'elle était si ravissante lorsqu'elle s'achemina vers la chambre, appuyée sur le bras de sa camérière, que tout devait s'incliner devant elle ; elle portait un costume de voyage de la plus grande élégance en forme d'amazone, court, collant sur les bras et sur la poitrine, et rattaché devant par des brandebourgs de soie ; autour de son cou était roulé, de peur du froid des montagnes, un ornement encore inconnu chez nous, où depuis il a été si répandu : c'était un boa de martre que le prince de Carini avait acheté d'un marchand maltais qui l'avait rapporté de Constantinople ; sur sa tête était un petit bonnet de velours noir de fantaisie, pareil à une coiffe du moyen âge, et de cette coiffe tombaient de longs et magnifiques cheveux bouclés à l'anglaise. Cependant, si préparée qu'elle fût à trouver une chambre prête à la recevoir, elle ne put s'empêcher de s'étonner en entrant du luxe avec lequel le voyageur inconnu avait combattu la pauvreté de l'appartement ; tous les ustensiles de toilette étaient d'argent ; le linge qui couvrait la table était d'une finesse extrême, et les parfums orientaux qui brûlaient sur la cheminée semblaient faits pour embaumer un sérail.

— Mais vois donc, Gidsa, si je ne suis pas prédestinée, dit la comtesse ; un domestique maladroit ferre mal mes chevaux, je suis forcée de m'arrêter, et un bon génie, qui me voit dans l'embarras, bâtit sur ma route un palais de fée.

— Madame la comtesse n'a-t-elle point quelque soupçon sur ce génie inconnu ?

— Non, vraiment.

— Pour moi, il me semble que madame la comtesse devrait deviner.

— Je vous jure, Gidsa, dit la comtesse se laissant tomber sur une chaise, que je suis dans l'ignorance la plus parfaite. Voyons, que pensez-vous donc ?...

— Mais je pense... Que madame me pardonne, quoique ma pensée soit bien naturelle...

— Parlez !

— Je pense que son altesse le vice-roi, sachant madame la comtesse en route, n'aura pas eu la patience d'attendre son arrivée, et que...

— Oh ! mais vous avez là une idée merveilleusement juste, et c'est probable... Au fait, qui donc, si ce n'était lui, aurait préparé, pour me la céder, une chambre avec tant de recherches ? Cependant écoutez, il faut vous taire. Si c'est une surprise que Rodolfo me ménage, je veux m'y abandonner entièrement, je ne veux pas perdre une des émotions que me causera sa présence inattendue. Ainsi il est convenu que ce n'est pas lui, que cet étranger est un voyageur inconnu.

Ainsi donc, gardez vos probabilités et laissez-moi avec mon doute. D'ailleurs, si c'était lui, c'est moi qui aurais deviné sa présence, et non pas vous... Qu'il est bon pour moi, mon Rodolfo!... comme il pense à tout!... comme il m'aime!...

— Et ce dîner préparé avec tant de soin, croyez-vous...?

— Chut! je ne crois rien; je profite des biens que Dieu m'envoie, et je n'en remercie que Dieu. Voyez donc, c'est une merveille que cette argenterie. Si je n'avais pas trouvé ce noble voyageur, comment donc aurais-je fait pour manger dans autre chose? Voyez cette tasse de vermeil, n'a-t-elle pas l'air d'avoir été ciselée par Benvenuto?... Donnez-moi à boire, Gidsa.

La camérière remplit le verre d'eau et y versa ensuite quelques gouttes de Malvoisie de Lipari. La comtesse en avala deux ou trois gorgées, mais plutôt évidemment pour porter la coupe à sa bouche que par soif. On eût dit qu'elle cherchait, par le contact sympathique de ses lèvres, à deviner si c'était bien son amant lui-même qui avait été ainsi au-devant de tous ces besoins de luxe et de magnificence qui deviennent un superflu si nécessaire lorsque depuis l'enfance on en a pris l'habitude.

On servit à souper. La comtesse mangea comme mange une femme élégante, effleurant tout à la manière des colibris, des abeilles et des papillons, distraite et préoccupée tout en mangeant, et les yeux constamment fixés sur la porte, tressaillant chaque fois que cette porte s'ouvrait, le sein oppressé et les yeux humides; puis peu à peu elle tomba dans une langueur délicieuse dont elle ne pouvait pas elle-même se rendre compte. Gidsa s'en aperçut et s'en inquiéta :

— Madame la comtesse souffrirait-elle ?

— Non, répondit Gemma d'une voix faible; mais ne trouvez-vous pas que ces parfums sont enivrans ?

— Madame la comtesse veut-elle que j'ouvre la fenêtre ?

— Gardez-vous-en; il me semble que je vais

mourir, c'est vrai; mais il me semble aussi que la mort est bien douce. Otez-moi ma coiffe, elle me pèse, et je n'ai plus la force de la porter.

Gidsa obéit, et les longs cheveux de la comtesse tombèrent ondoyans jusqu'à terre.

— N'éprouvez-vous donc rien de pareil à ce que j'éprouve, Gidsa? C'est un bien-être inconnu, quelque chose de céleste qui me passe dans les veines; j'aurai bu quelque philtre enchanté. Aidez-moi donc à me soulever, et conduisez-moi devant cette glace.

Gidsa soutint la comtesse et l'aida à marcher vers la cheminée. Arrivée devant elle, elle appuya ses deux coudes sur le haut chambranle, abaissa sa tête sur ses mains et se regarda.

— Maintenant, dit-elle, faites enlever tout cela, déshabillez-moi et me laissez seule.

La camérière obéit, les valets de la comtesse desservirent, et lorsqu'ils furent sortis Gidsa accomplit la seconde partie de l'ordre de sa maîtresse sans qu'elle se dérangeât de devant cette glace; seulement elle leva languissamment les bras, l'un après l'autre, pour donner à sa femme de chambre la possibilité de remplir son office, qu'elle remplit entièrement sans que la comtesse sortît de l'espèce d'extase dans laquelle elle était tombée; puis enfin, ainsi que sa maîtresse le lui avait ordonné, elle sortit et la laissa seule.

La comtesse acheva machinalement et dans un état pareil au somnambulisme le reste de sa toilette nocturne, se coucha, resta un instant accoudée et les regards fixés sur la porte; puis enfin, peu à peu et malgré ses efforts pour rester éveillée, ses paupières s'allourdirent, ses yeux se fermèrent, et elle se laissa aller sur son oreiller en poussant un long soupir et en murmurant le nom de Rodolfo.

Le lendemain, en s'éveillant, Gemma étendit la main comme si elle croyait trouver quelqu'un à ses côtés, mais elle était seule. Ses yeux errèrent alors autour de la chambre, puis revinrent se fixer sur une table placée près de son lit ; sur cette table était une lettre tout ouverte, elle la prit et lut :

« Madame la Comtesse,

Je pouvais tirer de vous une vengeance de brigand, j'ai préféré me donner un plaisir de prince ; mais, pour qu'en vous réveillant vous ne croyiez pas avoir fait un rêve, je vous ai laissé une preuve de la réalité : regardez-vous dans votre miroir.

Pascal Bruno. »

Gemma se sentit frissonner par tout le corps, une sueur glacée lui couvrit le front ; elle étendit la main vers la sonnette pour appeler ; mais, s'arrêtant par un instinct de femme, elle rassembla toutes ses forces, sauta en bas de son lit, courut à la glace et poussa un cri : elle avait les cheveux et les sourcils rasés.

Aussitôt elle s'enveloppa d'un voile, se jeta

dans sa voiture et ordonna de retourner à Palerme.

A peine y fut elle arrivée qu'elle écrivit au prince de Carini, que son confesseur, en expiation de ses péchés, lui avait ordonné de se raser les sourcils et les cheveux, et d'entrer pendant un an dans un monastère.

CHAPITRE IX.

IX

Le 1ᵉʳ mai 1805, il y avait fête au château de Castelnuovo; Pascal Bruno était de bonne humeur, et donnait à souper à un de ses bons amis, nommé Placido Meli, honnête contrebandier du village de Gesso, et à deux filles que ce dernier avait ramenées avec lui de Messine dans l'intention de passer une joyeuse nuit. Cette attention amicale avait sensiblement touché Bruno, et, pour ne pas demeurer en reste de politesse avec un si prévoyant camarade, il s'était chargé de faire les honneurs de son chez lui à la société ; en conséquence, les meilleurs vins de Sicile et de Calabre avaient été tirés des caves de la petite forteresse, les premiers cuisiniers de Bauso mis en réquisition, et tout ce luxe singulier auquel se plaisait parfois le héros de notre histoire déployé pour cette circonstance.

L'orgie allait un train du diable, et cependant les convives n'étaient encore qu'au commencement du dîner, lorsque Ali apporta à Placido un billet d'un paysan de Gesso. Placido le lut, et froissant avec colère le papier entre ses mains :

— Par le sang du Christ, s'écria-t-il, il a bien choisi son moment !

— Qui cela, compère ? dit Bruno.

— Pardieu ! le capitaine Luigi Cama de Villa-San-Giovani.

— Ah ! dit Bruno, notre fournisseur de rhum ?

— Oui, répondit Placido ; il me fait prévenir qu'il est sur la plage, et qu'il a tout un chargement dont il désire se débarrasser avant que les douaniers n'apprennent son arrivée.

— Les affaires avant tout, compère, dit Bruno. Je t'attendrai; je suis en bonne compagnie; et sois tranquille, pourvu que tu ne sois pas trop long-temps, tu retrouveras de tout ce que tu laisses, et plus que tu n'en pourras prendre.

— C'est l'affaire d'une heure, reprit Placido paraissant se rendre au raisonnement de son hôte; la mer est à cinq cents pas d'ici.

— Et nous avons toute la nuit, dit Pascal.

— Bon appétit, compère.

— Bon voyage, maître.

Placido sortit, Bruno resta avec les deux filles, et, comme il l'avait promis à son convive, l'entrain du souper ne souffrit aucunement de cette absence; Bruno était aimable pour deux, et la conversation et la pantomime commençaient à prendre une tournure des plus animées, lorsque la porte s'ouvrit et qu'un nouveau personnage entra : Pascal se retourna et reconnut le marchand maltais dont nous avons déjà parlé plusieurs fois, et dont il était une des meilleures pratiques.

— Ah! pardieu! lui dit-il, soyez le bien venu, surtout si vous nous apportez des pastilles du sérail, du tabac de Latakié, et des écharpes de Tunis : voilà deux odalisques qui attendent que je leur jette le mouchoir, et elles aimeront autant qu'il soit brodé d'or que s'il était de simple mousseline. A propos, votre opium a fait merveille.

— J'en suis aise, répondit le Maltais; mais en ce moment je viens pour autre chose que pour mon commerce.

— Tu viens pour souper, n'est-ce pas? Assieds-toi là, alors, et une seconde fois sois le bien venu : voilà une place de roi; en face d'une bouteille et entre deux filles.

— Votre vin est excellent, j'en suis sûr, et ces dames me paraissent charmantes, répondit le Maltais, mais j'ai quelque chose d'important à vous dire.

— A moi?
— A vous.
— Dis.
— A vous seul.

— Alors, à demain la confidence, mon digne commandeur.

— Il faut que je vous parle tout de suite.

— Alors parle devant tout le monde; il n'y a personne ici de trop, et j'ai pour principe, quand je suis bien, de ne pas me déranger, fût-il question de ma vie.

— C'est justement de cela qu'il s'agit.

— Bah! dit Bruno remplissant les verres, il y a un Dieu pour les honnêtes gens. A ta santé, commandeur. — Le Maltais vida son verre. — C'est bien; maintenant assieds-toi et prêche, nous écoutons.

Le marchand vit bien qu'il fallait faire selon le caprice de son hôte; en conséquence, il lui obéit.

— A la bonne heure, dit Bruno; et maintenant qu'y a-t-il?

— Il y a, continua le Maltais, que vous savez que les juges de Calvaruso, de Spadafora, de Bauso, de Saponara, de Divito et de Romita ont été arrêtés.

— J'ai entendu dire quelque chose comme

cela, dit insouciamment Pascal Bruno en vidant un plein verre de vin de Marsalla, qui est le Madère de la Sicile.

— Et vous savez la cause de cette arrestation?

— Je m'en doute; n'est-ce pas parce que le prince de Carini, de mauvaise humeur de ce que sa maîtresse s'est retirée dans un couvent, trouve qu'ils mettent trop de lenteur et de maladresse à arrêter un certain Pascal Bruno dont la tête vaut trois mille ducats?

— C'est cela même.

— Vous voyez que je suis au courant de ce qui se passe.

— Cependant il se peut qu'il y ait certaines choses que vous ignoriez.

— Dieu seul est grand, comme dit Ali; mais continuez, et j'avouerai mon ignorance; je ne demande pas mieux que de m'instruire.

— Eh bien! les six juges se sont rassemblés, et ils ont mis chacun en commun vingt-cinq onces, ce qui fait cent cinquante.

— Autrement dit, répondit Bruno toujours avec la même insouciance, dix-huit cent quatre-vingt-dix livres. Vous voyez que, si je ne tiens pas exactement mes registres, ce n'est pas faute de savoir compter... Après?

— Après, ils ont fait offrir cette somme à deux ou trois hommes qu'ils savent de votre société habituelle, s'ils voulaient aider à vous faire prendre.

— Qu'ils offrent, je suis bien sûr qu'ils ne trouveront pas un traître à dix lieues à la ronde.

— Vous vous trompez, dit le Maltais, le traître est trouvé.

— Ah! fit Bruno fronçant le sourcil et portant la main à son stylet; et comment sais-tu cela?

— Oh! mon Dieu, de la manière la plus simple et la plus naturelle : j'étais hier à Messine, chez le prince de Carini, qui m'avait fait venir pour acheter des étoffes turques, lorsqu'un valet vint lui dire deux mots à l'oreille. — C'est bien, répondit tout haut le prince; qu'il entre. — Il me fit signe alors de passer dans un cabinet; j'obéis, et, comme il ne se doutait aucunement que je vous connusse, j'entendis la conversation qui vous concernait.

—Oui, eh bien?

— Eh bien! l'homme qu'on annonçait, c'était le traître; il s'engageait à ouvrir les portes de votre forteresse, à vous livrer sans défense pendant que vous souperiez, et à conduire lui-même les gens d'armes jusqu'à votre salle à manger.

— Et sais-tu quel est le nom de cet homme? dit Bruno?

— C'est Placido Meli, répondit le Maltais.

— Sang-Dieu! s'écria Pascal en grinçant des dents, il était là tout-à-l'heure.

— Et il est sorti?

— Un instant avant que vous n'arrivassiez.

— Alors il est allé chercher les gendarmes et les compagnies; car, autant que j'en puis juger, vous étiez en train de souper.

— Tu le vois.

— C'est cela même. Si vous voulez fuir, il n'y a pas un instant à perdre.

— Moi fuir! dit Bruno en riant. Ali!... Ali!... — Ali entra. — Ferme la porte du château, mon enfant; lâche trois de mes chiens dans la cour; fais monter le quatrième

Lionna... et prépare les munitions. — Les femmes poussèrent des cris. — Oh! taisez-vous, mes déesses, continua Bruno avec un geste impératif; il ne s'agit pas de chanter ici : du silence, et vivement s'il vous plaît. — Les femmes se turent. — Tenez compagnie à ces dames, commandeur, ajouta Bruno; quant à moi, il faut que je fasse ma tournée.

Pascal prit sa carabine, ceignit sa giberne, s'avança vers la porte; mais au moment de sortir il s'arrêta écoutant.

— Qu'y a-t-il? dit le Maltais.
— N'entendez-vous pas mes chiens qui hurlent? l'ennemi s'avance; voyez, ils n'ont été que de cinq minutes en retard sur vous. — Silence, mes tigres, continua Bruno ouvrant une fenêtre et faisant entendre un sifflement particulier. C'est bien, c'est bien, je suis prévenu. Les chiens gémirent doucement et se turent; les femmes et le Maltais frissonnèrent de terreur, devinant qu'il allait se passer quelque chose de terrible. En ce moment Ali entra avec la chienne

favorite de Pascal ; la noble bête alla droit à son maître, se dressa sur ses pattes de derrière, lui mit les deux pattes de devant sur les épaules, le regarda avec intelligence, et se mit à hurler doucement.

— Oui , oui, Lionna, dit Bruno, oui, vous êtes une charmante bête. — Puis il la caressa de la main, et l'embrassa au front comme il aurait fait à une maîtresse. La chienne poussa un second hurlement bas et plaintif. — Allons, Lionna, continua Pascal, il paraît que cela presse. Allons, ma belle, allons. — Et il sortit, laissant le Maltais et les deux femmes dans la chambre du souper.

Pascal descendit dans la cour et trouva les trois chiens qui s'agitaient avec inquiétude, mais sans indiquer encore que le danger fût très-pressant. Alors il ouvrit la porte du jardin et commença d'en faire le tour. Tout-à-coup Lionna s'arrêta, prit le vent, et marcha droit vers un point de l'enclos. Arrivée au pied du mur, elle se dressa comme pour l'escalader, faisant claquer ses mâchoires l'une contre l'autre, et rugissant sourdement en regardant si son maître l'avait suivie. Pascal Bruno était derrière elle.

Il comprit qu'il y avait dans cette direction, et à quelques pas de distance seulement, un ennemi caché, et, se rappelant que la fenêtre de la chambre où Paolo Tommasi avait été prisonnier donnait justement sur ce point, il remonta vivement suivi de Lionna, qui, la gueule béante et les yeux pleins de sang, traversa la salle où les deux filles et le Maltais attendaient, pleins d'anxiété, la fin de cette aventure, et entra dans la chambre voisine, qui se trouvait sans lumière et dont la fenêtre était ouverte. A peine entrée, Lionna se coucha à plat ventre, rampa comme un serpent vers la croisée, puis, lorsqu'elle n'en fut plus éloignée que de quelques pieds, et avant que Pascal ne pensât à la retenir, elle s'élança comme une panthère par l'issue qui lui était offerte, s'inquiétant peu de retomber de l'autre côté de la hauteur de vingt pieds.

Pascal était à la fenêtre en même temps que

la chienne; il lui vit faire trois bonds vers un olivier isolé, puis il entendit un cri. Lionna venait de saisir à la gorge un homme caché derrière cet olivier.

— Au secours! cria une voix que Pascal reconnut pour être celle de Placido; à moi! Pascal, à moi!... rappelle ton chien, ou je l'éventre.
— Pille!... Lionna, pille! A mort, à mort, Lionna! à mort le traître!...

Placido vit que Bruno savait tout : alors, à son tour, il poussa un rugissement de douleur et de colère, et un combat mortel commença entre l'homme et le chien : Bruno regardait ce duel étrange appuyé sur sa carabine : pendant dix minutes, à la clarté incertaine de la lune, il vit lutter, tomber, se relever, deux corps dont il ne pouvait distinguer ni la nature ni la forme, tant ils semblaient n'en faire qu'un. Pendant dix minutes il entendit des cris confus sans pouvoir reconnaître les hurlemens de l'homme de ceux du chien : enfin, au bout de dix minutes, l'un des deux tomba pour ne plus se relever ; c'était l'homme.

Bruno siffla Lionna, traversa de nouveau la chambre du souper sans dire une parole, descendit vivement et alla ouvrir la porte à sa chienne favorite ; mais au moment où elle rentrait toute sanglante de coups de couteau et de morsures, il vit, dans la rue qui montait du village au château, luire, sous un rayon de la lune, des canons de carabines. Aussitôt il barricada la porte et remonta dans la chambre où étaient les convives tremblans. Le Maltais buvait : les deux filles disaient leurs prières.

— Eh bien ? dit le Maltais.
— Eh bien ! commandeur ? dit Bruno.
— Placido ?
— Son affaire est faite, dit Bruno ; mais voilà une autre légion de diables qui nous tombe sur le corps.
— Lesquels ?
— Les gendarmes et les compagnies de Messine, si je ne me trompe.

— Et qu'allez-vous faire?

— En tuer le plus que je pourrai d'abord.

— Et ensuite?

— Ensuite..... je me ferai sauter avec le reste.

Les filles jetèrent de grands cris.

— Ali, continua Pascal, conduis ces demoiselles à la cave, et donne-leur tout ce qu'elles te demanderont, excepté de la chandelle, de peur qu'elles ne mettent le feu aux poudres avant qu'il ne soit temps.

Les pauvres créatures tombèrent à genoux.

— Allons, allons, dit Bruno frappant du pied, obéissons. Et il dit cela avec un geste et un accent tels, que les deux filles se levèrent et suivirent Ali sans oser proférer une seule plainte.

— Et maintenant, commandeur, dit Bruno lorsqu'elles furent sorties, éteignez les lumières et mettez-vous dans un coin où les balles ne puissent pas vous atteindre; car voilà les musiciens qui arrivent et la tarentelle va commencer.

CHAPITRE X.

accent d'affection toute paternelle, non, cela me regarde seul. Je ne veux pas unir ainsi ta destinée à la mienne; je ne veux pas t'entraîner où je vais. Tu es jeune, rien n'a poussé encore ta vie hors de la voie ordinaire; crois-moi, reste dans le chemin battu par les hommes.

— Père, dit le jeune homme avec sa voix douce, pourquoi ne veux-tu pas que je te défende comme Lionna t'a défendu? Tu sais bien que je n'ai que toi, et que, si tu meurs, je mourrai avec toi.

— Non point, Ali. Si je meurs, je laisserai peut-être derrière moi à accomplir sur la terre quelque mission mystérieuse et terrible que je ne pourrais confier qu'à mon enfant, il faut donc que mon enfant vive pour faire ce que lui ordonnera son père.

— C'est bien, dit Ali. Le père est le maître, l'enfant obéira.

Pascal laissa tomber sa main, Ali la prit et la baisa.

— Ne te servirai-je donc à rien, père? dit l'enfant.

— Charge les fusils, répondit Bruno.

Ali se mit à la besogne.

— Et moi ? dit le Maltais du coin où il était assis.

— Vous, commandeur, je vous garde pour vous envoyer en parlementaire.

En ce moment Pascal Bruno vit briller les fusils d'une seconde troupe qui descendait de la montagne, et qui s'avançait si directement vers l'olivier isolé au pied duquel gisait le corps de Placido, qu'il était évident que cette troupe venait à un rendez-vous indiqué. Ceux qui marchaient les premiers heurtèrent le cadavre ; alors un cercle se forma autour de lui ; mais nul ne pouvait le reconnaître, tant les dents de fer de Lionna l'avaient défiguré. Cependant, comme c'était à cet olivier que Placido leur avait donné rendez-vous, que le cadavre était au pied de cet olivier, et que nul être vivant ne se montrait aux environs, il était évident que le mort était Placido lui-même. Les miliciens en augurèrent que la trahison était découverte, et que par conséquent Bruno devait être sur ses gardes. Alors ils s'arrêtèrent pour délibérer. Pascal suivait tous leurs mouvemens debout à la fenêtre. En ce moment la lune sortit de derrière un nuage, son rayon tomba sur lui; un des miliciens l'aperçut, le désigna de la main à ses camarades; le cri *le bandit!... le bandit!...* se fit entendre dans les rangs et fut immédiatement suivi d'un feu de peloton. Quelques balles vinrent s'aplatir contre le mur; d'autres passèrent en sifflant aux oreilles et au-dessus de la tête de celui à qui elles étaient adressées et allèrent se loger dans les solives du plafond. Pascal répondit en déchargeant successivement les quatre fusils que venait de charger Ali : quatre hommes tombèrent.

Les compagnies, qui n'étaient pas composées de troupes de ligne, mais d'une espèce de garde nationale organisée pour la sûreté des routes, hésitèrent un instant en voyant la mort si prompte à venir au-devant d'elles. Tous ces hommes, comptant sur la trahison de Placido, avaient espéré une prise facile; mais, au lieu de cela, c'était un véritable siége qu'il fallait faire. Or tous les ustensiles nécessaires à un siége leur manquaient; les murailles de la petite forteresse étaient élevées et ses portes solides, et ils n'avaient ni échelles ni haches; restait la possibilité de tuer Pascal au moment où il était forcé de se découvrir pour ajuster par la fenêtre; mais c'était une assez mauvaise chance pour des gens convaincus de l'invulnérabilité de leur adversaire. La manœuvre qu'ils jugèrent la plus urgente fut donc de se retirer hors de portée pour délibérer sur ce qu'il y avait à faire; mais leur retraite ne s'opéra point si vite que Pascal Bruno n'eût le temps de leur envoyer deux nouveaux messagers de mort.

Pascal, se voyant momentanément débloqué de ce côté, se porta vers la fenêtre opposée, qui plongeait sur le village, les coups de fusil avaient donné l'éveil à cette première troupe; aussi à peine eut-il paru à la fenêtre qu'il fut accueilli par une grêle de balles; mais le même bonheur miraculeux le préserva de leur atteinte; c'était à croire à un enchantement; tandis qu'au contraire chacun de ses coups, à lui, porta sur cette masse, et Pascal put juger, aux blasphèmes qu'il entendit, qu'ils n'avaient point été perdus.

Alors même chose arriva pour cette troupe que pour l'autre : le désordre se mit dans ses rangs; cependant, au lieu de prendre la fuite, elle se rangea contre les murs mêmes de la forteresse, manœuvre qui mettait Bruno dans l'impossibilité de tirer sur ses ennemis sans sortir à moitié le corps par la fenêtre. Or, comme le bandit jugea inutile de s'exposer à ce danger, il résulta de ce double acte de prudence que le feu cessa momentanément.

— En sommes-nous quittes, dit le Maltais, et pouvons-nous crier victoire?

— Pas encore, dit Bruno; ce n'est qu'une suspension d'armes; ils sont sans doute allés chercher dans le village des échelles et des haches, et nous ne tarderons pas à avoir de leurs nouvelles. Mais soyez tranquille, continua le bandit remplissant deux verres, nous ne demeurerons pas en reste avec eux, et nous leur donnerons des nôtres... Ali, va chercher un tonneau de poudre. A votre santé, commandeur.

— Que voulez-vous faire de ce tonneau? dit le Maltais avec une certaine inquiétude.

— Oh! presque rien... Vous allez voir.

Ali rentra avec l'objet demandé.

— C'est bien, continua Bruno ; maintenant prends une vrille et perce un trou dans ce baril.

Ali obéit avec cette promptitude passive qui était la marque distinctive de son dévouement. Pendant ce temps Pascal déchira une serviette, l'effila, réunit les fils, les roula dans la poudre d'une cartouche, passa cette mèche dans le trou du baril et boucha ce trou avec de la poudre mouillée qui fixa la mèche en même temps ; il avait à peine fini ces préparatifs, que des coups de hache retentirent dans la porte.

— Suis-je bon prophète? dit Bruno en roulant le baril vers l'entrée de la chambre, laqu'elle donnait sur un escalier descendant à la cour, et en revenant prendre au feu un morceau de sapin allumé.

— Ah! fit le Maltais, je commence à comprendre...

— Père, dit Ali, ils reviennent du côté de la montagne avec une échelle.

Bruno s'élança vers la fenêtre de laquelle il avait fait feu la première fois, et vit qu'effectivement ses adversaires s'étaient procuré l'instrument d'escalade qui leur manquait, et que, honteux de leur première retraite, ils revenaient à la charge avec une certaine contenance.

— Les fusils sont-ils chargés? dit Bruno.
— Oui, père, répondit Ali lui présentant sa carabine.

Bruno prit sans regarder l'arme que lui tendait l'enfant, l'appuya lentement contre son épaule, et visa avec plus d'attention qu'il ne l'avait encore fait; le coup partit, un des deux hommes qui portait l'échelle tomba.

Un second le remplaça ; Bruno prit un second fusil, et le milicien tomba près de son camarade.

Deux autres hommes succédèrent aux hommes tués ; et furent tués à leur tour ; l'échelle semblait avoir la fatale propriété de l'arche, à peine y avait-on porté la main, que l'on tombait mort. Les escaladeurs, laissant leur échelle, se retirèrent une seconde fois, envoyant une décharge aussi inutile que les autres.

Cependant ceux qui attaquaient la porte frappaient à coups redoublés ; de leur côté, les chiens hurlaient affreusement de momens en momens ; les coups devenaient plus sourds et les aboiemens plus acharnés. Enfin un battant de la porte fut enfoncé, deux ou trois hommes pénétrèrent par cette ouverture ; mais, à leurs cris de détresse ; leurs camarades jugèrent qu'ils étaient aux prises avec des ennemis plus terribles qu'ils ne les avaient jugés d'abord ; il n'y avait pas moyen de tirer sur les chiens sans tuer les hommes. Une partie des assiégeans pénétra donc successivement par l'ouverture ;

la cour s'emplit bientôt, et alors commença une espèce de combat du cirque, entre les soldats de milice et les quatre molosses qui défendaient avec acharnement l'escalier étroit qui conduisait au premier étage de la forteresse. Tout-à-coup la porte placée au haut de cet escalier s'ouvrit, et le baril de poudre préparé par Bruno, bondissant de marche en marche, vint éclater comme un obus au milieu de cette tuerie.

L'explosion fut terrible, un mur s'écroula, tout ce qui était dans la cour fut pulvérisé.

Il y eut un moment de stupeur parmi les assiégeans; cependant les deux troupes s'étaient réunies et elles présentaient encore un effectif de plus de trois cents combattans. Un sentiment profond de honte prit cette multitude, de se voir ainsi tenue en échec par un seul homme; les chefs en profitèrent pour l'encourager. A leur voix les assiégeans se formèrent en colonne; une brèche était pratiquée par la chute du mur, ils marchèrent vers elle en bon ordre, et, se déployant dans toute sa largeur, la franchirent sans obstacle, pénétrèrent dans la cour et se trouvèrent en face de l'escalier. Là il y eut encore un moment d'hésitation. Enfin quelques-uns commencèrent à le gravir aux encouragemens de leurs camarades, les autres les suivirent, l'escalier fut envahi, et bientôt les premiers eussent voulu reculer, que la chose ne leur eût plus été possible; ils furent donc forcés d'attaquer la porte; mais, contre leur attente, la porte céda sans résister. Les assiégeans se répandirent alors avec de grands cris de victoire dans la première chambre. En ce moment la porte de la seconde s'ouvrit et les miliciens aperçurent Bruno assis sur un baril de poudre et tenant un pistolet de chaque main; en même temps le Maltais, épouvanté, s'élança par la porte ouverte, en s'écriant avec un accent de vérité qui ne laissait aucun doute :

— Arrière! tous, arrière!... la forteresse est minée; si vous faites un pas de plus, nous sautons!...

La porte se referma comme par enchantement; les cris de victoire se changèrent en cris de terreur ; on entendit toute cette multitude se précipiter par l'escalier étroit qui conduisait à la cour; quelques-uns sautèrent par les fenêtres ; il semblait à tous ces hommes qu'ils sentaient trembler la terre sous leurs pieds. Au bout de cinq minutes Bruno se retrouva de nouveau maître de la forteresse; quant au Maltais, il avait profité de l'occasion pour se retirer.

Pascal, n'entendant plus aucun bruit, se leva et alla vers une fenêtre; le siége était converti en blocus; des postes étaient établis en face de toutes les issues, et ceux qui les composaient s'étaient mis à l'abri du feu de la place derrière des charrues et des tonneaux; il était évident qu'un nouveau plan de campagne venait d'être adopté.

— Il paraît qu'ils comptent nous prendre par famine, dit Bruno.

— Les chiens!... répondit Ali.

— N'insulte pas les pauvres bêtes qui sont

mortes en me défendant, dit en souriant Bruno, et appelle les hommes des hommes.

— Père! s'écria Ali.
— Eh bien?
— Vois-tu?
— Quoi?
— Cette lueur?...
— En effet, que signifie-t-elle?... Ce n'est point encore le jour qui s'élève; d'ailleurs, elle vient du nord, et non de l'orient.

— C'est le feu qui est au village, dit Ali.
— Sang du Christ! est-ce vrai?...

En ce moment on commença à entendre de grands cris de détresse... Bruno s'élança vers la porte et se trouva face à face avec le Maltais.

— C'est vous, commandeur? s'écria Pascal.
— Oui, c'est moi... moi-même... ne vous trompez pas et ne me prenez pas pour un autre. Je suis un ami.
— Soyez le bien-venu : que se passe-t-il?
— Il se passe que, désespérant de vous prendre, ils ont mis le feu au village, et

qu'ils ne l'éteindront que lorsque les paysans consentiront à marcher contre vous : quant à eux, ils en ont assez.

— Et les paysans?

— Refusent.

— Oui... oui... je le savais d'avance : ils laisseraient plutôt brûler toutes leurs maisons que de toucher un cheveu de ma tête... C'est bien, commandeur; retournez vers ceux qui vous envoient, et dites-leur d'éteindre l'incendie.

— Comment cela ?

— Je me rends.

— Tu te rends, père? s'écria Ali.

— Oui... mais j'ai donné ma parole de ne me rendre qu'à un seul homme, et je ne me rendrai qu'à lui : qu'on éteigne donc l'incendie comme j'ai dit, et qu'on aille me chercher cet homme à Messine.

— Et cet homme, quel est-il?

— C'est Paolo Tommasi, le brigadier de la gendarmerie.

— Avez-vous autre chose à demander?

— Une seule, répondit Bruno; et il parla bas au Maltais.

— J'espère que ce n'est pas ma vie que tu demandes? dit Ali.

— Ne t'ai-je pas prévenu que j'aurais peut-être besoin de toi après ma mort?

— Pardon, père, je l'avais oublié.

— Allez, commandeur, et faites ce que je vous ai dit; si je vois le feu s'éteindre, c'est que mes conditions seront acceptées.

— Vous ne m'en voulez pas de ce que je me suis chargé de la commission?

— Ne vous ai-je pas dit que je vous gardais pour parlementaire?

— C'est juste.

— A propos, dit Pascal, combien de maisons brûlées?

— Il y en avait déjà deux quand je suis venu vers vous.

Il y a trois cent quinze onces dans cette bourse; vous les distribuerez entre les propriétaires. Au revoir.

— Adieu.

Le Maltais sortit.

Bruno jeta loin de lui ses pistolets, revint

s'asseoir sur son baril de poudre, et tomba dans une rêverie profonde; quant au jeune Arabe, il alla s'étendre sur sa peau de tigre et resta immobile en fermant les yeux comme s'il dormait. Peu à peu la lueur de l'incendie s'éteignit : les conditions étaient acceptées.

Au bout d'une heure à peu près, la porte de la chambre s'ouvrit; un homme parut sur le seuil, et, voyant que ni Bruno ni Ali ne s'apercevaient de son arrivée, il se mit à tousser avec affectation : c'était un moyen d'annoncer sa présence qu'il avait vu employer avec succès au théâtre de Messine.

Bruno se retourna.

— Ah ! c'est vous, brigadier? dit-il en souriant; c'est un plaisir de vous envoyer chercher; vous ne vous faites pas attendre.
— Oui... ils m'ont rencontré à un quart de lieue d'ici sur la route, comme je venais avec ma compagnie... et ils m'ont dit que vous me demandiez.

— C'est vrai : j'ai voulu vous prouver que j'étais homme de mémoire.

— Pardieu! je le savais bien.

— Et comme je vous ai promis de vous faire gagner les trois mille ducats en question, j'ai voulu vous tenir parole.

— Sacredieu!.. sacredieu!!... sacredieu!!!.. dit le brigadier avec une énergie croissante.

— Qu'est-ce que cela veut dire, camarade?

— Ça veut dire... ça veut dire... que j'aimerais mieux gagner ces trois mille ducats d'une autre manière... à autre chose... à la loterie, par exemple.

— Et pourquoi cela ?

— Parce que vous êtes un brave, et que les braves sont rares.

— Bah! que vous importe?... c'est de l'avancement pour vous, brigadier.

— Je le sais bien, répondit Paolo d'un air profondément désespéré ; ainsi, vous vous rendez ?

— Je me rends.

— A moi?

— A vous.

— Parole?

— Parole. Vous pouvez donc éloigner toute cette canaille, à laquelle je ne veux pas avoir affaire ?

Paolo Tommasi alla à la fenêtre.

—Vous pouvez vous retirer tous, cria-t-il ; je réponds du prisonnier : allez annoncer sa prise à Messine.

Les miliciens poussèrent de grands cris de joie.

— Maintenant, dit Bruno au brigadier, si vous voulez vous mettre à table, nous achèverons le souper qui a été interrompu par ces imbéciles.

— Volontiers, répondit Paolo ; car je viens de faire huit lieues en trois heures, et je meurs de faim et de soif.

— Eh bien, dit Bruno, puisque vous êtes en si bonnes dispositions et que nous n'avons plus qu'une nuit à passer ensemble, il faut la passer joyeuse. — Ali, va chercher ces dames. — En attendant, brigadier, continua

Bruno en remplissant deux verres, à vos galons de maréchal-des-logis!

Cinq jours après les événemens que nous venons de raconter, le prince de Carini apprit, en présence de la belle Gemma, qui venait d'achever sa pénitence au couvent de la Visitation, et qui, depuis huit jours seulement, était rentrée dans le monde, que ses ordres étaient enfin exécutés, et que Pascal Bruno avait été pris et conduit dans les prisons de Messine.

— C'est bien, dit-il; que le prince de Goto paie les trois mille ducats promis, qu'il lui fasse faire son procès et qu'on l'exécute.
— Oh! dit Gemma avec cette voix douce et caressante à laquelle le prince ne savait rien refuser, j'aurais été bien curieuse de voir cet homme que je ne connais pas, et dont on raconte des choses si bizarres!
— Qu'à cela ne tienne, mon bel ange, répondit le prince; nous le ferons pendre à Palerme!

CHAPITRE XI.

XI

Selon la promesse qu'il avait faite à sa maîtresse, le prince de Carini avait ordonné de transférer le condamné de Messine à Palerme, et Pascal Bruno avait été amené à grand renfort de gendarmerie dans la prison de la ville, qui était située derrière le Palazzo Réale et qui attenait à l'hôpital des Fous.

Vers le soir du deuxième jour, un prêtre descendit dans son cachot; Pascal se leva en voyant entrer l'homme de Dieu; cependant, contre son attente, il refusa de se confesser; le prêtre insista, mais rien ne put déterminer Pascal à accomplir cet acte de religion. Le prêtre, voyant qu'il ne pouvait vaincre cette obstination, lui en demanda la cause.

— La cause, lui dit Bruno, est que je ne veux pas faire un sacrilége...

— Comment cela, mon fils?

— La première condition d'une bonne confession n'est-elle pas, non seulement l'aveu de ses crimes à soi, mais encore l'oubli des crimes des autres?

— Sans doute, et il n'y a point de confession parfaite sans cela.

— Eh bien! dit Bruno, je n'ai pas pardonné; ma confession serait donc mauvaise, et je ne veux pas faire une mauvaise confession...

— Ne serait-ce pas plutôt, dit le prêtre, que vous ayez des crimes si énormes à avouer, que vous craignez qu'ils ne dépassent le pouvoir de la rémission humaine? Rassurez-vous, Dieu est miséricordieux, et il y a toujours espérance là où il y a repentir.

— Cependant, mon père, si, entre votre absolution et la mort, une mauvaise pensée me venait que je n'aie pas la force de vaincre.....

— Le fruit de votre confession serait perdu, dit le prêtre.

— Il est donc inutile que je me confesse, dit Pascal; car cette mauvaise pensée me viendra.

— Ne pouvez-vous la chasser de votre esprit?

Pascal sourit.

— C'est elle qui me fait vivre, mon père; sans cette pensée infernale, sans ce dernier espoir de vengeance, croyez-vous que je me serais laissé traîner en spectacle à cette multitude? Non point, je me serais déjà étranglé avec la chaîne qui m'attache. J'y étais décidé à Messine, j'allais le faire, lorsque l'ordre de me transporter à Palerme est arrivé. Je me suis douté qu'*Elle* avait voulu me voir mourir.

— Qui?

— *Elle*.

— Mais si vous mourez ainsi, sans repentir, Dieu sera sans miséricorde.

— Mon père, *Elle* aussi mourra sans repentir, car *Elle* mourra au moment où elle s'y attendra le moins ; *Elle* aussi mourra sans prêtre et sans confession ; *Elle* aussi trouvera comme moi Dieu sans miséricorde, et nous serons damnés ensemble.

En ce moment un geôlier entra.

— Mon père, dit-il, la chapelle ardente est préparée.

— Persistez-vous dans votre refus, mon fils? dit le prêtre.

— J'y persiste, répondit tranquillement Bruno.

— Alors, je ne retarderai pas la messe des morts, que je vais dire pour vous, par de plus longues instances ; d'ailleurs j'espère que, pendant que vous l'écouterez, l'esprit de Dieu vous visitera et vous inspirera de meilleures pensées.

— C'est possible, mon père, mais je ne le crois pas.

Les gendarmes entrèrent, détachèrent Bruno, le conduisirent à l'église de Saint-François de Sales, qui est en face de la prison, et qui était ardemment éclairée; c'est là qu'il devait, selon l'usage, entendre la messe des morts et passer la nuit en prières, car l'exécution était fixée pour le lendemain à huit heures du matin. Un anneau de fer était scellé à un pilier du chœur; Pascal fut attaché à cet anneau par une chaîne qui lui ceignait le corps, mais qui était assez longue cependant pour qu'il pût atteindre le seuil de la balustrade où les fidèles venaient s'agenouiller pour recevoir la communion.

Au moment où la messe commençait, des gardiens de l'hôpital des Fous apportèrent une bière qu'ils placèrent au milieu de l'église; elle renfermait le corps d'une aliénée décédée dans la journée, et le directeur avait pensé à faire profiter la morte du bénéfice de la messe dite pour celui qui allait mourir. D'ailleurs c'était pour le prêtre une économie de temps et de peine, et comme cette disposition arrangeait tout le monde, elle ne souffrit pas la plus petite difficulté. Le sacristain alluma deux cierges, l'un à la tête, l'autre au pied du cercueil, et le sacrifice divin commença ; Pascal l'écouta tout entier avec recueillement.

Lorsqu'il fut fini, le prêtre descendit vers lui et lui demanda s'il était dans des dispositions meilleures ; mais le condamné lui répondit que, malgré la messe qu'il avait entendue, malgré les prières dont il l'avait accompagnée, ses sentimens de haine étaient toujours les mêmes. Le prêtre lui annonça que le lendemain, à sept heures du matin, il reviendrait lui demander si une nuit de solitude et de recueillement dans une église et en face de la croix n'avait point amené quelque changement dans ses projets de vengeance.

Bruno resta seul. Alors il tomba dans une rêverie profonde. Toute sa vie repassa devant ses yeux, depuis cet âge de la première enfance où l'on commence à se rappeler; il chercha en vain dans cet âge ce qu'il avait pu faire pour mériter la destinée qui attendait sa jeunesse. Il n'y trouva rien qu'une obéissance filiale et sainte aux parens que le Seigneur lui avait donnés. Il se rappela cette maison paternelle si tranquille et si heureuse d'abord, et qui tout-à-coup était devenue, sans qu'il en sût encore la cause, si pleine de larmes et de douleurs; il se rappela le jour où son père était sorti avec un stylet, et était rentré plein de sang; il se rappela la nuit pendant laquelle celui à qui il devait la vie avait été arrêté comme il venait de l'être, où on l'avait conduit, lui enfant, dans une chapelle ardente pareille à celle où il était maintenant renfermé, et le moment où il trouva dans cette chapelle un homme enchaîné comme lui. Il lui sembla que c'était une fatale influence, un hasard capricieux, une victorieuse supériorité du mal sur le bien, qui avaient ainsi mené au pire toutes les choses de sa famille. Alors il ne comprit plus rien aux promesses de félicité que le ciel fait aux hommes; il chercha vainement dans sa vie une apparition de cette Providence tant vantée ; et, pensant qu'en ce moment suprême quelque chose de cet éternel secret lui serait révélé peut-être, il se précipita le front contre terre, adjurant Dieu, avec toutes les voix de son ame, de lui dire le mot de cette énigme terrible, de soulever un pan de ce voile mystérieux, et de se montrer à lui comme un père ou comme un tyran. Cette espérance fut vaine, tout resta muet, si ce n'est la voix de son cœur, qui répétait sourdement : Vengeance ! vengeance ! vengeance !...

Alors il pensa que la mort était peut-être chargée de lui répondre, et que c'était dans un but de révélation qu'un cadavre avait été apporté près de lui, tant il est vrai que l'homme le plus infime fait de sa propre existence le centre de la création, croit que tout se rattache à son être, et que sa misérable personne est le pivot autour duquel tourne l'univers. Il se releva donc lentement, plus sombre et plus pâle de sa lutte avec sa pensée que de sa lutte avec l'échafaud, et tourna les yeux vers ce cadavre ; c'était celui d'une femme.

Pascal frissonna sans savoir pourquoi ; il chercha les traits du visage [1] de cette femme, mais un coin du linceul était retombé sur sa figure et la voilait. Tout-à-coup un souvenir instinctif lui rappela Teresa, Teresa qu'il n'avait pas vue depuis le jour où il avait rompu avec les hommes et avec Dieu, Teresa qui était devenue folle, et qui depuis trois ans habitait la maison des aliénés, d'où sortaient cette bière et ce cadavre ; Teresa, sa fiancée, avec laquelle il se retrouvait peut-être au pied de l'autel, où il avait espéré si long-temps la conduire, et où ils venaient enfin, par une amère dérision de la destinée, se rejoindre, elle morte et lui près de mourir. Un plus long doute lui fut insupportable, il s'avança vers le cercueil pour s'assurer de la réalité ; mais tout-à-coup il se sentit arrêter par le milieu du corps, c'était sa chaîne qui n'était point assez longue pour qu'il pût atteindre le cadavre, et qui le retenait scellé à son pilier ; il étendit les bras

[1] En Italie on expose les morts à visage découvert ; ce n'est qu'au moment de descendre le cadavre en terre qu'on cloue le couvercle du cercueil.

vers lui, mais il s'en fallait de quelques pieds qu'il ne pût l'atteindre. Il chercha s'il ne trouverait pas à la portée de sa main une chose quelconque, à l'aide de laquelle il pût écarter ce coin de voile; mais il ne vit rien, il épuisa tout le souffle de sa poitrine pour soulever ce suaire, mais ce suaire demeura immobile comme un pli de marbre. Alors il se retourna avec un mouvement de rage intime, impossible à décrire, saisit sa chaîne à deux mains, et, dans une secousse où il rassembla toutes les forces de son corps, il essaya de la briser; les anneaux étaient solidement rivés les uns aux autres, la chaîne résista. Alors la sueur d'une rage impuissante glaça son front; il revint s'asseoir au pied de son pilier, laissa tomber sa tête dans ses mains, et resta immobile, muet comme la statue de l'abattement, et lorsque le prêtre revint le lendemain matin, il le retrouva dans la même posture.

L'homme de Dieu s'avança vers lui, serein et calme comme il convenait à sa mission de paix et à son ministère de réconciliation ; il crut que Pascal dormait, et lui posa la main sur l'épaule; Pascal tressaillit et leva la tête.

— Eh bien ! mon fils, dit le prêtre, êtes-vous prêt à vous confesser ? je suis prêt à vous absoudre...

— Tout-à-l'heure je vous répondrai, mon père; mais d'abord, rendez-moi un dernier service, dit Bruno.

— Lequel ? parlez.

Bruno se leva, prit le prêtre par la main, le conduisit près du cercueil, dont il s'approcha lui-même autant que sa chaîne le lui permit; puis lui montrant le cadavre :

— Mon père, lui dit-il, voulez-vous lever le coin du linceul qui me cache la figure de cette femme ?

Le prêtre leva le coin du linceul; Pascal ne s'était pas trompé, cette femme, c'était Teresa. Il la regarda un instant avec une tristesse profonde, puis il fit signe au prêtre de laisser retomber le suaire. Le prêtre obéit.

— Eh bien! mon fils, lui dit-il, la vue de cette femme vous a-t-elle inspiré de pieuses pensées?

— Cette femme et moi, mon père, répondit Bruno, nous étions nés pour être heureux et innocens; *Elle* l'a faite parjure, et moi meurtrier; *Elle* nous a conduits, cette femme par le chemin de la folie, et moi par celui du désespoir, à la tombe où nous descendons tous deux aujourd'hui..... Que Dieu lui pardonne, s'il l'ose; mais moi je ne lui pardonne pas!

En ce moment les gardes entrèrent, qui venaient chercher Pascal pour le conduire à l'échafaud.

CHAPITRE XII.

XII

Le ciel était magnifique, l'air limpide et transparent ; Palerme se réveillait comme pour une fête : on avait donné congé aux colléges et aux séminaires, et la population tout entière semblait réunie dans la rue de Tolède, que le condamné devait parcourir dans toute sa longueur pour se rendre de l'église de Saint-François-de-Salles, où il avait passé la nuit, à la place de la Marine, où devait avoir lieu l'exécution. Les fenêtres des premiers étages étaient garnies de femmes que la curiosité avait tirées de leur lit à l'heure où ordinairement elles y sommeillaient encore; l'on voyait comme des ombres s'agiter dans leurs galeries grillées [1] les religieuses des différens couvens de Palerme et de ses environs, et sur les toits plats de la ville une dernière population aérienne ondoyait comme un champ de blé. A la porte de l'église, le condamné trouva la charrette conduite par des mules; elle était précédée par la confrérie des pénitens blancs, dont le premier portait la croix et les quatre derniers la bière, et suivie par le bourreau à cheval et tenant un drapeau rouge; derrière le bourreau ses deux aides venaient à pied; puis enfin, derrière les aides, une autre confrérie

---

[1] A Palerme les religieuses, qui ne peuvent pas se mêler aux fêtes mondaines, y prennent part cependant par la vue. Tout couvent un peu riche possède en location un étage donnant ordinairement sur la rue de Tolède : c'est de ces fenêtres grillées, où elles se rendent par des routes souterraines qui ont quelquefois un quart de lieue de longueur et qui communiquent du couvent à la maison louée, que les saintes récluses regardent les fêtes sacrées et profanes.

de pénitens noirs fermait le cortége, qui s'avançait entre une double haie de miliciens et de soldats, tandis que sur les flancs, au milieu de la foule, couraient des hommes revêtus d'une longue robe grise, la tête couverte d'un capuchon troué aux yeux et à la bouche, tenant d'une main une clochette, de l'autre une escarcelle, et faisant la quête pour délivrer du purgatoire l'ame du criminel encore vivant. Le bruit, au reste, s'était répandu parmi toute cette foule que le condamné n'avait pas voulu se confesser, et cette réaction contre toutes les idées religieuses adoptées donnait plus de poids encore à ces rumeurs d'un pacte infernal conclu entre Bruno et l'ennemi du genre humain, qui s'étaient répandues dès le commencement de son entrée dans la carrière qu'il avait si promptement et si largement parcourue : un sentiment de terreur planait donc sur toute cette population curieuse mais muette, et aucune vocifération, aucun cri, aucun murmure ne troublaient les chants de mort que faisaient entendre les pénitens blancs qui formaient la tête du cortége, et les pénitens noirs qui en étaient la queue : derrière ces derniers, et à mesure que le condamné s'avançait dans la rue de Tolède, les curieux se joignaient au cortége et l'accompagnaient vers la place de la Marine : quant à Pascal, il était le seul qui parût parfaitement calme au milieu de cette population agitée, et il regardait la foule qui l'entourait sans humilité comme sans ostentation, et en homme qui, connaissant les devoirs des individus envers la société, et les droits de la société contre les individus, ne se repent pas d'avoir oublié les uns, et ne se plaint pas qu'elle venge les autres.

Le cortége s'arrêta un instant à la place des Quatre-Cantons, qui forme le centre de la ville, car une telle foule s'était pressée des deux côtés de la rue de Cassero, qu'elle avait rompu la ligne de troupes, et que, le milieu du chemin se trouvant encombré, les pénitens ne purent se faire jour. Pascal profita de ce moment de repos pour se lever tout debout dans sa charrette, et regarda autour de lui comme s'il cherchait quelqu'un à qui il eût un dernier ordre à donner, un dernier signe à faire;

mais, après un long examen, n'apercevant pas celui qu'il cherchait, il retomba sur la botte de paille qui lui servait de siége, et sa figure prit une expression sombre qui alla croissant jusqu'au moment où le cortége arriva place de la Marine. Là un nouvel encombrement avait lieu, qui nécessita une nouvelle halte. Pascal se leva une seconde fois, jeta d'abord un coup d'œil indifférent sur l'extrémité opposée de la place où était la potence, puis, parcourant tout le cercle immense de cette place, qui semblait pavée et bâtie de têtes, à l'exception de la terrasse du prince de Buttera qui était complètement déserte, il arrêta ses yeux sur un riche balcon tendu de damas à fleurs d'or et abrité par une tente de pourpre. Là, sur une espèce d'estrade entourée des plus jolies femmes et des plus nobles seigneurs de Palerme, était la belle Gemma de Castelnuovo, qui, n'ayant pas voulu perdre une minute de l'agonie de son ennemi, avait fait dresser son trône en face de son échafaud. Le regard de Pascal Bruno et le sien se rencontrèrent, et leurs rayons se croisèrent comme deux éclairs de vengeance et de haine. Ils ne s'étaient point encore détachés l'un de l'autre, lorsqu'un cri étrange partit de la foule qui entourait la charrette : Pascal tressaillit, se retourna vivement vers le point d'où venait ce cri, et sa figure reprit aussitôt, non seulement son ancienne expression de calme, mais encore une nouvelle apparence de joie. En ce moment le cortége fit un pas pour se remettre en route; mais d'une voix forte Bruno cria : Arrêtez !

Cette parole eut un effet magique : toute cette foule sembla clouée à l'instant même à la terre; toutes les têtes se retournèrent vers le condamné, et des milliers de regards ardens se fixèrent sur lui.

— Que veux-tu ? répondit le bourreau.
— Me confesser, dit Pascal.
— Le prêtre n'est plus là, tu l'as renvoyé.
— Mon confesseur habituel est ce moine qui est ici à ma gauche dans la foule; je n'en ai pas voulu d'autre, mais je veux celui-là.

Le bourreau fit un geste d'impatience et de

refus; mais à l'instant même le peuple, qui avait entendu la demande du condamné, cria : Le confesseur! le confesseur! Le bourreau fut obligé d'obéir, on s'écarta devant le moine : c'était un grand jeune homme, au teint brun, qui semblait maigri par les austérités du cloître : il s'avança vers la charrette et monta dedans. Au même instant, Bruno tomba à genoux. Ce fut un signal général : sur le pavé de la rue, aux balcons des fenêtres, sur le toit des maisons, tout le monde s'agenouilla; il n'y eut que le bourreau qui resta à cheval et ses aides qui demeurèrent debout, comme si ces hommes maudits étaient exceptés de la rémission générale. En même temps les pénitens se mirent à chanter les prières des agonisans pour couvrir de leurs voix le bruit de la confession.

— Je t'ai cherché long-temps, dit Bruno.
— Je t'attendais ici, répondit Ali.
— J'avais peur qu'ils ne tinssent pas la promesse qu'ils m'avaient faite.
— Ils l'ont tenue : je suis libre.
— Écoute bien.

— J'écoute.

— Ici, à ma droite. — Bruno se tourna de côté, car, ses mains étant liées, il ne pouvait indiquer autrement. — Sur ce balcon tendu d'étoffes d'or...

— Oui.

— Est une femme jeune, belle, ayant des fleurs dans les cheveux.

— Je la vois. Elle est à genoux et prie comme les autres.

— Cette femme, c'est la comtesse Gemma de Castelnuovo.

— Au bas de la fenêtre de laquelle je t'attendais lorsque tu fus blessé à l'épaule.

— Cette femme, c'est elle qui est cause de tous mes malheurs, c'est elle qui m'a fait commettre mon premier crime, c'est elle qui me conduit ici.

— Bien!

— Je ne mourrais pas tranquille si je croyais qu'elle dût me survivre heureuse et honorée, continua Bruno.

— Meurs tranquille, répondit l'enfant.

— Merci, Ali!

— Laisse-moi t'embrasser, père.

— Adieu !
— Adieu !

Le jeune moine embrassa le condamné, comme le prêtre a l'habitude de faire lorsqu'il donne l'absolution au coupable, puis il descendit de la charrette et se perdit dans la foule.

—Marchons, dit Bruno; et le cortége obéit de nouveau, comme si celui qui parlait avait le droit de commander.

Tout le monde se releva : Gemma se rassit, souriante; le cortége continua sa marche vers l'échafaud.

Arrivé au pied de la potence, le bourreau descendit de cheval, monta sur l'échafaud, grimpa contre l'échelle, planta sur la poutre transversale[1] l'étendard couleur de sang, s'as-

---

[1] La potence italienne offre avec la nôtre une différence notable : la nôtre a la forme d'un F ; l'autre, celle d'un H dont on aurait haussé la traverse jusqu'au bout des deux portans.

sura que la corde était bien attachée, et jeta son habit pour avoir plus de liberté dans les mouvemens. Aussitôt Pascal sauta en bas de la charrette, écarta d'un double mouvement d'épaules les valets qui voulaient l'aider, monta rapidement sur l'échafaud, et alla s'appuyer de lui-même à l'échelle qu'il devait gravir à reculons. Au même moment le pénitent qui portait la croix la planta en face de Pascal, de manière à ce qu'il pût la voir pendant toute son agonie. Les pénitens qui portaient la bière s'assirent dessus, et un cercle de troupes se forma tout autour de l'échafaud, ne laissant dans son centre que les deux confréries de pénitens, le bourreau, ses valets et le patient.

Pascal monta l'échelle sans souffrir qu'on le soutînt, avec autant de calme qu'il en avait montré jusque là, et, comme le balcon de Gemma était en face de lui, on remarqua même qu'il jeta les yeux de ce côté avec un sourire. Au même moment le bourreau lui passa la corde autour du cou, le prit par le milieu du corps et le jeta au bas de l'échelle. Aussitôt il glissa le long de la corde, et se laissa peser de tout son poids sur les épaules du patient, tandis que les valets, s'accrochant à ses jambes, pesaient à la partie inférieure du corps; mais tout-à-coup la corde, qui n'était pas assez forte pour porter ce quadruple poids, se rompit, et tout ce groupe infâme, composé du bourreau, des valets et de la victime, roula sur l'échafaud. Cependant un homme se releva le premier : c'était Pascal Bruno, dont les mains s'étaient déliées pendant l'exécution, et qui se redressait au milieu du silence, ayant dans le côté droit de la poitrine le couteau que le bourreau venait d'y plonger de toute la longueur de sa lame.

— Misérable! dit le bandit s'adressant à l'exécuteur : misérable! tu n'es digne ni d'être bourreau ni d'être bandit; tu ne sais ni pendre ni assassiner!

A ces mots, il arracha le couteau du côté droit, le plongea dans le côté gauche et tomba mort.

Alors il y eut un grand cri et un grand tumulte dans cette foule : les uns se sauvèrent loin de la place, les autres se ruèrent sur l'échafaud. Le condamné fut emporté par les pénitens, et le bourreau mis en pièces par le peuple.

Le soir qui suivit cette exécution, le prince de Carini dîna chez l'archevêque de Montreal, pendant que Gemma, qui ne pouvait être reçue dans la sainte société du prélat, restait à la villa Carini. La soirée était magnifique comme l'avait été la matinée. De l'une des fenêtres de la chambre, tendue en satin bleu, dans laquelle nous avons ouvert la première scène de notre histoire, on distinguait parfaitement Alicudi, et derrière elle, comme une vapeur flottante sur la mer, les îles de Filicudi et de Salina. De l'autre croisée on dominait le parc, tout planté d'orangers, de grenadiers et de pins; on distinguait à droite, depuis sa base jusqu'à son sommet le mont Pellegrino, et la vue pouvait s'étendre à gauche jusqu'à Montreal. C'est à cette fenêtre que resta longtemps la belle comtesse Gemma de Castelnuovo, les yeux fixés sur l'ancienne résidence des rois normands, et cherchant à reconnaître dans chaque voiture qu'elle voyait descendre vers Palerme l'équipage du vice-roi. Mais enfin la nuit s'était répandue plus épaisse, et, les objets éloignés s'étant effacés peu à peu, elle rentra dans la chambre, sonna sa camérière, et, fatiguée qu'elle était des émotions de la journée, elle se mit au lit, puis elle fit fermer la fenêtre qui donnait sur les îles, de peur que la brise de la mer ne l'atteignît pendant son sommeil, et ordonna de laisser entrebâillée celle qui s'ouvrait sur le parc, et par laquelle pénétrait dans sa chambre un air tout chargé du parfum des jasmins et des orangers.

Quant au prince, ce ne fut que bien tard qu'il put se dérober à la vigilance gracieuse de son hôte; et onze heures sonnaient à la cathédrale bâtie par Guillaume-le-Bon lorsque la voiture du vice-roi l'emporta au galop de ses quatre meilleurs chevaux. Une demi-heure lui suffit pour arriver à Palerme, et en cinq minutes il franchit l'espace qui s'étend entre la ville et la villa. Il demanda à la camérière où était Gemma, et celle-ci lui répondit que la comtesse, s'étant trouvée fatiguée, s'était couchée vers les dix heures.

Le prince monta vivement à la chambre de sa maîtresse et voulut ouvrir la porte d'entrée, mais elle était fermée en dedans : alors il alla à la porte dérobée, qui donnait de l'autre côté du lit, dans l'alcôve de Gemma, ouvrit doucement cette porte, afin de ne pas réveiller la charmante dormeuse, et s'arrêta un instant pour la regarder dans ce désordre du sommeil, si doux et si gracieux à voir. Une lampe d'albâtre, suspendue au plafond par trois cordons de perles, éclairait seule l'appartement, et sa lueur était ménagée de manière à ne pas blesser les yeux pendant le sommeil. Le prince se pencha donc sur le lit pour mieux voir. Gemma était couchée la poitrine presque entière hors de la couverture, et autour de son cou était roulé le boa qui, par sa couleur foncée, contrastait admirablement avec la blancheur de sa peau. Le prince regarda un instant cette ravissante statue, mais bientôt son immobilité l'étonna : il se pencha davantage, et vit que le visage était d'une pâleur étrange ; il approcha son oreille et n'entendit aucune respiration ; il saisit la main et la sentit froide ; alors il passa son bras sous ce corps bien aimé pour le rapprocher de lui et le réchauffer contre sa poitrine, mais aussitôt il le laissa retomber en poussant un cri de terreur affreux : la tête de Gemma venait de se détacher de ses épaules et de rouler sur le parquet.

Le lendemain on retrouva au bas de la fenêtre le yatagan d'Ali.

FIN DU SECOND VOLUME.

TABLE.

MURAT.

Chapitre Ier. Toulon........................... 13
Chap. II. La Corse............................ 39
Chap. III. Le Pizzo........................... 73

PASCAL BRUNO.

Chap. Ier................................... 125
Chap. II.................................... 143

Chap. III... 161
Chap. IV... 179
Chap. V.. 197
Chap. VI... 217
Chap. VII.. 239
Chap. VIII... 261
Chap. IX... 279
Chap. X.. 297
Chap. XI... 319
Chap. XII.. 333

Librairie de Dumont.

EN VENTE :

UNE FILLE NATURELLE, par Félix Davin, auteur du *Crapaud*, etc. 2 vol. in-8.   15 fr.

LE FLAGRANT DÉLIT, par Jules Lacroix. 2 vol. in-8.   15 fr.

SOUVENIRS D'UN DEMI-SIÈCLE, par Touchard-Lafosse, auteur des *Chroniques de l'Œil-de-Bœuf*. 6 vol. in-8.   30 fr.

MADAME HOWARD, par l'auteur du *Mariage dans le grand monde*. 2 vol. in-8.   15 fr.

LE NOTAIRE DE CHANTILLY, par Léon Gozlan. 2 vol. in-8. 15 fr.

LA CROISIÈRE DE LA MOUCHE, par l'auteur de *Cringle's Log, Aventures d'un Lieutenant de marine*. 2 vol. in-8.   15 fr.

SCÈNES DE LA VIE ANGLAISE, par Mme Camille Bodin (Jenny Bastide). 2 vol. in-8.   15 fr.

L'ABBÉ MAURICE, par Mme C. Bodin (Jenny Bastide). 2 v. in-8. 15 f.

UNE SOIRÉE chez Mme GEOFFRIN, par la duchesse d'Abrantès. 1 vol. in-8.   7 fr. 50 c.

LES PARASITES, par Jules Lacroix. 2 vol. in-8.   15 fr.

RÊVERIES DANS LES MONTAGNES, par Mme C. Bodin (Jenny Bastide). 2 vol. in-8°.   15 fr.

AVENTURES D'UN GENTILHOMME PARISIEN, par lord Ellis, auteur des *Scènes de la vie anglaise*. 2 vol. in-8.   15 fr.

INÈS DE LAS SIERRAS, par Charles Nodier. Un vol. in-8.   50 c.

SCÈNES DE LA VIE ITALIENNE, par Méry. 2 vol. in-8.   15 fr.

IMPRESSIONS DE VOYAGE, par A. Dumas, t. 3, 4, 5 et dernier.   22 fr. 50 c.

SALONS CÉLÈBRES, par Mme Sophie Gay. Un vol. in-8. 7 fr. 50 c.

AVENTURES DE VOYAGE, par Alphonse Royer. 2 vol. in-8. 15 fr.

UNE ANNÉE EN ESPAGNE, par Charles Didier. 2 vol. in-8. 15 f.

L'EXILÉ, par la duchesse d'Abrantès. 2 vol. in-8.   15 fr.

ELISE ET MARIE, par Mme C. Bodin. 2 vol. in-8.   15 fr.

TOPADILLAS, par Eugène Scribe.

LA SŒUR DU MAUGRABIN, par P.-L. Jacob, Bibliophile.

STÉNIA, par Mme C. Bodin. 2 vol. in-8.   15 fr.

AVENTURES D'UN GENTILHOMME ALLEMAND, par Spindler, auteur du *Juif*, etc. 2 vol. in-8.   15 fr.

DOVERSTON, par l'auteur de *Trivelyan*. 2 vol. in-8.   15 fr.

SOUS PRESSE :

Le 3e vol. des SCÈNES POPULAIRES, par Henry Monnier.

L'ÉGOISME OU L'AMOUR, par Mme E. de Girardin.

MÉMOIRES D'UN MÉDECIN, par le docteur Harrisson. 4 volumes in-8, 3e édition.   30 fr.

MÉMOIRES D'UN CADET DE FAMILLE, par Trelawney, ami et compagnon de lord Byron, troisième édition, 3 vol. in-8. 20 fr.

AYMAR, par H. Delatouche, 2 vol. in-8.

AVENTURES D'UN GENTILHOMME ANGLAIS, par lord Ellis.

LES QUATRE TALISMANS, par Charles Nodier.

HEDWIGE, par la duchesse d'Abrantès.

LE JEU DE LA REINE, par la duchesse d'Abrantès.

www.ingramcontent.com/pod-product-compliance
Lightning Source LLC
Chambersburg PA
CBHW070900170426
43202CB00012B/2129